Wolfgang Berke / Uwe Hirschmann

Erlebnis Motorrad

für Fahrerinnen und Fahrer im

Rheinland

- die wichtigsten Treffs
- nur mal kurz um die Ecke
- die besten Kurven
- die schönsten Touren

Neuauflage

Seit der Erstveröffent-
lichung dieses Buches
Mitte 2004 hat sich
einiges getan, vor al-
lem bei den Motorrad-
treffs, die deshalb
noch einmal aktuell
neu bewertet wurden.
Unterwegs gab es nur
wenig Änderungen,
sieht man einmal von
den Kreisverkehren
ab, die fast schon in-
flationär in die Land-
schaft gesetzt werden.
Wahrscheinlich sind
bis zur Veröffentli-
chung dieses Buches
wieder ein paar neue
dazugekommen ...

Erlebnis Motorrad Rheinland

Wolfgang Berke / Uwe Hirschmann

Essen: Klartext Verlag 2007
ISBN 978-3-89861-350-7
überarbeitete Neuauflage Februar 2007

Gestaltung: Wolfgang Berke -medienbüro ruhr-
Kartografie: www.kartengrafik.de / Seite 4: Road Concept, Erlensee
Druck und Bindung: Himmer, Augsburg
© Klartext Verlag, Essen / Wolfgang Berke -medienbüro ruhr-
Alle Rechte vorbehalten.

Die Autoren bedanken sich ganz herzlich bei Maria-Elisabeth Sporkmann, Uli Haas,
Beate Diehl, Heinz Sporkmann, Gregor, Dirk, Willi und Walter aus dem VFR-Forum,
Kawasaki, Yamaha, Minolta, Road Concept und www.naviboard.de für Anregungen
und Tipps zu Strecken, Treffs und Sehenswertem bzw. für Mitarbeit und Support.

Inhalt

Intro   **4**
Motorrad fahren in der Stadt?   5
Was ist neu in diesem Buch?   7

Kleine Touren für zwischendurch   **8**
Tour 1: Bergisches Land   10
Tour 2: Bergisches Land   18
Tour 3: Bergisches Land   28
Tour 4: Bergisches Land / Siebengebirge   38
Tour 5: Kölner Bucht   46
Tour 6: Niederrhein   56

Pause muss sein: die besten Treffs   **66**
Damit punkten die Treffs   69
Die Treffs im Osten   70
Die Treffs im Südosten   78
DIe Treffs im Süden   80
Die Treffs im Südwesten   84
Die Treffs im Westen   87

Tagestouren in die Nachbarschaft   **88**
Tour 7:   Bergisches Land / Sauerland   90
Tour 8:   Oberbergisches Land   104
Tour 9:   Bergisches Land / Westerwald   116
Tour 10: Eifel / Hohes Venn   126
Tour 11: Eifel   138
Tour 12: Hocheifel   148

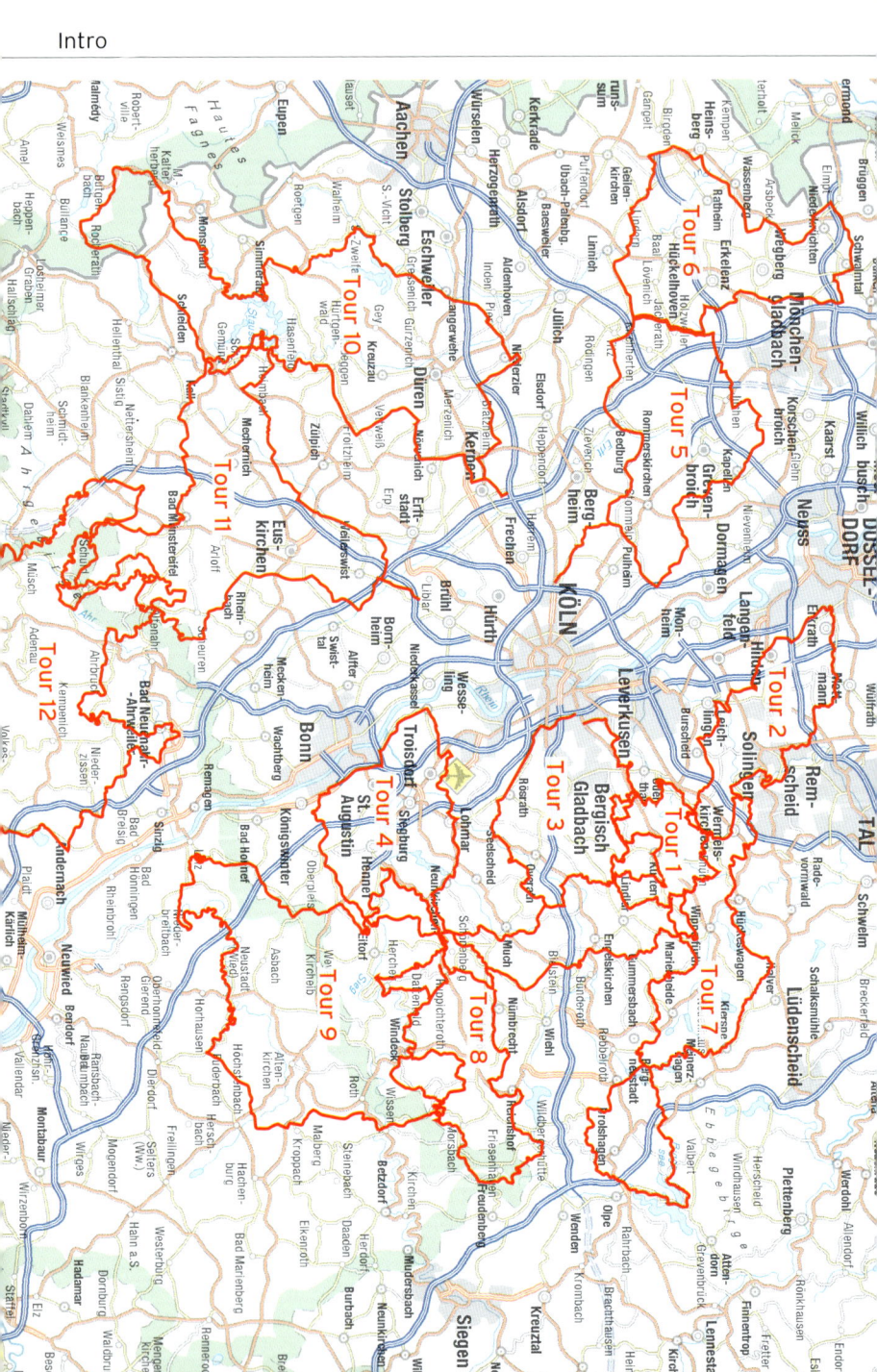

Motorrad fahren in Köln?
In Düsseldorf? In Bonn?

Wie soll das denn gehen? Staus, Ampeln, Baustellen, Straßenschäden, Tempolimits – der tägliche Verkehrsinfarkt, und wir mitten drin. Gut, wir können ein paar Minuten Zeit machen, indem wir uns an den Blechlawinen vorbeischlängeln. Und noch ein paar Minuten schinden, weil wir keinen Parkplatz für unsere Motorräder suchen müssen. Aber sonst? Richtig Spaß macht es mitten im Herz der Städte wirklich nicht.

Aber drum herum! Also:

Raus aus der Stadt,
rein ins Vergnügen!

Das Vergnügen beginnt (fast) vor der Haustür. In der Peripherie, gleich am Rande der Städte, bekommt unser Motorrad seinen tieferen Sinn. Wenn es rollen darf, wenn der Blick auf den Tacho überflüssig wird, wenn die Kurvenbögen nur für uns gezirkelt erscheinen – und wenn das satte Grün drum herum unsere Sinne ebenso betört wie der Klang des kompakten Kraftwerks unter uns.

5

Erlebnis Motorrad!

Zum Motorradfahren braucht es nicht nur das Mopped, sondern auch Strecke, Landschaft, Straße und Stopps. Und zwar nicht irgendwo weit weg, sondern um die Ecke.

Und deshalb gibt es jetzt endlich dieses Buch, das erste seiner Art für Motorradfahrerinnen und Motorradfahrer aus dem Rheinland!

Motorradfahren durch die nahe Heimat, im besten Sinne. Schöne Strecken am Feierabend und am Wochenende. Tipps und Infos über Sehenswertes am Rande. Und natürlich alle wichtigen Motorradtreffs in der Umgebung. Also, nichts wie los – und immer eine Handbreit Asphalt unter'm Reifen!

Was ist neu?

Idealformat: Das Buch fürs Kartenfach.

Mit diesem Buch kann man navigieren! Einfach aufschlagen, um 90° kippen und in das Kartenfach des Tankrucksacks schieben. So passt das geöffnete Buch in alle handelsüblichen Kartentaschen. Die Fadenbindung sorgt dafür, dass das Buch auch nach dem x-ten Aufklappen nicht auseinanderfällt.

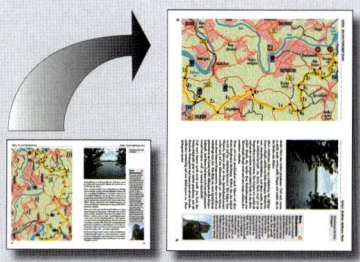

Klare Sache: Roadbook *plus* Karte

Wer die Tourenvorschläge exakt nachfahren möchte, nimmt das Roadbook. Jede Richtungsänderung wird präzise angegeben.

Wer lieber nach Karten fährt, braucht ebenfalls nur dieses Buch: Die Tourenkarten liefern alle Details, die man zur Orientierung braucht. Nach dem Zoom-Prinzip ist immer der optimale Kartenausschnitt gewählt.

Die Maßstäbe: von 1 : 116.000 bis 1 : 242.000

Insider-Tipps: Essen, Trinken, Leute treffen

Alle auf den Karten verzeichneten Treffs werden in diesem Buch ausführlich vorgestellt. Mit Adressen, Anfahrt und Kurz-Check. Was sich hinter den Ziffern verbirgt, steht ab Seite 69.

Specials: Sehenswertes an der Strecke

Nicht nur Fahren macht Spaß. Manchmal gehört auch Anhalten und Gucken dazu. Wo es sich wirklich lohnt, gibt's einen Stern plus Info.

Kleine Touren für zwischendurch

**Hausstrecken
Feierabend-Runden
und Sehenswertes unterwegs**

Durch Dick und Dhünn

Typ:	auf kleinen Straßen um die Große Dhünntalsperre
Geeignet für:	Tourer, Cruiser, Roller
Länge:	80 km ab Altenberg / Märchenwald
Sightseeing:	gegen Null
Kurven:	abschnittsweise sehr ordentlich
Motorrad-Dichte:	mittel
Kombinationen:	Tour 2 (S. 18), Tour 3 (S. 28), Tour 7 (S. 90), Tour 8 (S. 104)

Wenn man mal eben eine Feierabendrunde abseits von Stress und Hektik drehen möchte, sollte man kleine und kleinste Sträßchen suchen. Rund um die Dhünn-Talsperre gibt es davon reichlich. Allerdings sind die schmalen Asphaltbänder nix zum ultimativen Heizen. Was aber nicht heißen soll, dass man auf dieser 80-km-Tour nicht auch mal ordentlich am Kabel ziehen kann. Also los: Raus zum Märchenwald bei Altenberg, den man über die B 51 zügig erreicht. Vor dem Kiosk auf dem großen Parkplatz treffen sich gelegentlich Veteranen oder Rollerfahrer – kurzer Gruß und dann weiter. Wir folgen der Dhünn nach Norden, Richtung Hückeswagen und Dabringhausen.

Ohne Tempolimit geht es durch sanft geschwungene Kurven sofort gut voran, bei der Durchfahrt kleiner Siedlungen nehmen wir kurz Gas weg. Zügig nähern wir uns Dabringhausen – ohne uns auf den Ort allerdings wirklich einzulassen: Wir lassen ihn einfach rechts liegen, Kurs Hückeswagen. Irgendwann ist kurzfristig Tempo 50 gefordert – und wir tun den Verkehrsbehörden den Gefallen. Bald geht es ja wieder ganz legal ziemlich zügig weiter.

Hinter Stumpf liegt linker Hand der „Schinderhannes", früher ein beliebter Treffpunkt, der aber heute nur noch von ganz wenigen Motorradfahrern angesteuert wird. Beliebter ist inzwischen die 800 m entfernt liegende „Stumpfer Grillstube". Aber auch diese Einkehrmöglichkeit kommt heute eindeutig zu früh. Also weiter dann, rechts ab und auf nach

Motorradtreff auf dieser Tour

 Landhaus Fuchs (Kürten)

Kleine Straße - gro-
ßes Fahrvergnügen.
Keine Seltenheit auf
dieser Tour.

Dhünn. Bald schwingen wir durch angenehme Kurvenkombinationen mit 10-prozentigem Gefälle zu
Tal. Ab Dhünn werden die Radien enger, nach drei
90-Grad-Kurven kommt die erste Spitzkehre mit 180
Grad. Allerdings: Richtig bügeln ist illegal.

Wer einen kurzen Stopp an der Dhünntalsperre ein-
legen möchte, hält sich hinter Dhünn rechts und
kommt über Halzenberg zum Parkplatz an der Vor-
sperre Große Dhünn. Wer lieber Asphalt statt Wasser
will, hält sich an die Richtung Remscheid, Hückeswagen und darf bald wieder etwas mehr Gas geben.
Mit der nötigen Vor- und Umsicht, versteht sich: Die
bisweilen ausgesprochen „würzige" Landluft verrät,
dass wir uns hier in einem Gebiet mit intensiver
landwirtschaftlicher Nutzung bewegen. Mit allem
was dazu gehört und dem gemeinen Moppedfahrer
wenig Spaß macht. Traktoren eiern auf Straßen herum, Lehm, Dreck und Güllereste verringern die Haf-
tungsreserven unserer Reifen dramatisch.

In Straßweg geht's dann scharf rechts und rein ins
Vergnügen. Die feine Strecke scheint fast wie für
uns allein gemacht – aber auch hier: Landwirtschaft
fährt mit! Ansonsten gilt das merkwürdige, aber in
dieser Gegend nicht unbekannte Gesetz: Je schmaler die Straße, desto weniger Tempolimits. Soll uns
recht sein, und beschwingt tauchen wir in den Wald,

Bergische Kaffeetafel

Die originale Bergische Kaffeetafel wird nicht nur einfach verzehrt, sie wird zelebriert. Am besten im Kreis von Freunden oder der Familie. Zum Original gehören Hefestuten mit oder ohne Rosinen, Schwarz- und Graubrot, süßer Aufstrich (z.B. Rübenkraut), Quark, Käse, Wurst, Milchreis, Zwieback und natürlich frische Waffeln mit heißen Sauerkirschen.

Man isst in der Reihenfolge vom hellen zum dunklen Brot, legt reichlich drauf (z.B. aufs Weißbrot Butter, Rübenkraut, Milchreis) und schließt mit Zwieback oder Kuchen. Die Waffeln werden zwischendurch gefuttert, immer, wenn welche frisch auf den Tisch kommen. Wie der Name schon sagt, wird dazu Kaffee getrunken. Der Klassiker wird natürlich auf keinem Motorradtreff serviert, aber jeder gute Gasthof im Bergischen hat ihn auf der Karte. Allerdings: Der ursprünglich üppige Festschmaus ist heute leider oft auf ein Mini-Täfelchen geschrumpft.

wo einige schöne Kurven und Kehren alpine Gefühle wecken. Und wer den Blick nicht nur stur auf den Asphalt heftet, wird mit ausgesprochen reizvollen landschaftlichen Impressionen verwöhnt.

Wonnig geht es weiter auf den kleinen Straßen. Okay, wir müssen noch durch Wipperfeld, aber die Ortsdurchfahrt ist kurz und schmerzlos – dann kurven wir wieder in den grünen Tann. War bislang die Piste tadellos, prüfen jetzt einige Frostaufbrüche die Dämpferelemente unserer Bikes. Die „Teststrecke" ist aber nicht allzu lang, bald zeigt sich der Asphalt wieder von seiner besten Seite – und wir genießen weitere Kilometer des einsamen Vergnügens auf den kleinen Straßen.

Auch hier: keine Tempolimits. Aber Gehöfte, kleine Siedlungen und das eine oder andere Auto signalisieren, dass die Gegend nicht gänzlich unbewohnt ist. Kurz vor Lindlar biegen wir rechts ab und gesellen uns für wenige Kilometer zu den anderen Verkehrsteilnehmern auf der L 284. Noch bevor Hommerich erreicht ist, tauchen wir –scharfrechts– erneut ins pure Vergnügen. Das schmale Sträßchen trägt uns beschwingt nach Norden und bringt uns zielsicher zum Landhaus Fuchs, wo wir entweder im Vorbeifahren die dort stehenden Brüder und Schwestern kurz grüßen – oder uns auf einen Kaffee zu ihnen gesellen.

Weiter geht's auf kleinen und kleinsten Sträßchen, die Ortsschilder sind so grün wie die Landschaft, und erst auf dem Weg runter nach Kürten werden wir wieder eingebremst. In Kürten selbst signalisiert uns eine Leuchttafel die tatsächliche Geschwindigkeit – hoppla! Auch auf dem Weg nach Weiden bleiben wir von Tempolimits nicht gänzlich verschont, also Gas und Bremse im lockeren Wechsel. Unmittelbar hinter Weiden hätte man noch einmal die Möglichkeit, der Großen Dhünntalsperre einen Besuch abzustatten (dazu rechts abbiegen) oder über die B 506 wieder zum Ausgangspunkt dieser Tour zurückzukehren.

Wer aber noch eine kleine Portion feinen Asphalt und schnuckelige Landschaft möchte, nimmt Kurs

auf Biesfeld. Die Straße schlängelt sich wieder aufs Feinste durch Wiesen und kleine Wälder – aber die Strecke ist nicht immer ordentlich einsehbar, und wir müssen damit rechnen, dass es hier auch Radfahrern und Fußgängern ausgesprochen gut gefällt. In Biesfeld regiert dann Tempo 30, okay, es ist eng und unübersichtlich. Hinter'm Ortsausgang ist es dann nicht mehr eng und unübersichtlich, aber Starenkästen sorgen dafür, dass auf dieser Straße keine rechte Freude aufkommt.

Schon möglich, dass dir hinter der Kuppe wieder eine neue Landschaft zu Füßen liegt.

Bevor wir uns über den dichten Autoverkehr und die schlechte Fahrbahn richtig ärgern können, verlassen wir die Strecke und nehmen rechts ab Kurs Nord. Noch mal Ortsdurchfahrten und ein kurzes Stück Bundesstraße – und dann winkt ab Eikamp wieder: ein Sträßchen! In bekannter Ausführung und exzollenter Güteklasse. Zwar nicht ganz durchgängig, ein paar kurze Ortsdurchfahrten lassen sich leider nicht vermeiden. Ganz zum Schluss gibt es dafür aber noch mal vier schöne Spitzkehren – willkommen zurück am Märchenwald.

Richtg.	km	Info
↓	**0,1**	Start am Parkplatz Märchenwald, links *Richtung Hückeswagen / Darbringhausen*
↓	**8,6**	links der abknickenden Vorfahrt nach *Hückeswagen* folgen
●	**9,0**	*Stumpfer Grillstube* oder **9,8** *Schinderhannes*
↑	**10,1**	rechts abbiegen Richtung *Kürten / Dhünn*
↙	**14,1**	in einer Rechtskurve halblinks halten Richtung *Remscheid / Hückeswagen*
↗	**17,2**	scharf rechts abbiegen Richtung *Lamsfuß / Boxberg*
←	**23,0**	geradeaus über die *B 506* hinweg
↓	**23,9**	in Wipperfeld der abknickenden Vorfahrt links folgen
↓	**26,6**	links abbiegen Richtung *Jörgensmühle*
↑	**28,0**	rechts abbiegen Richtung *Lindlar / Obersteinbach*
↑	**28,4**	rechts abbiegen Richtung *Lindlar / Ommerborn*
↓	**31,0**	der abknickenden Vorfahrt links Richtung *Lindlar* folgen

Richtg.	km	Info
↑	**34,7**	rechts abbiegen Richtung *Untereschbach / Hommerich*
↗	**39,7**	scharf rechts in die Straße *Schlürscheid* einbiegen (ehem. Eisenbahnbrücke)
↓	**40,9**	an der Weggabelung (Unterommer) links in die Straße *Reudenbach* biegen
↖	**41,8**	an der Weggabelung halbrechts Richtung *Haasbach / Unterbersten*
●	**43,1**	*Landhaus Fuchs*
↓	**44,0**	an der Kreuzung links abbiegen (andere Wege: Sackgassen)
↑	**44,8**	an der Weggabelung rechts abbiegen (rotweiße Richtungspfeile)
↑	**45,6**	an der Einmündung rechts abbiegen Richtung *Wipperfeld / Jörgensmühle*
↓	**48,5**	links abbiegen Richtung *Köln / Bergisch Gladbach*
↑	**52,9**	in Kürten an der Ampel rechts abbiegen Richtung *Weiden*
↓	**55,5**	links abbiegen auf die *B 506* Richtung *Köln*
↓	**57,3**	links abbiegen Richtung *Biesfeld / Waldmühle* – und sofort wieder

Richtg.	km	Info
↑	**57,6**	rechts abbiegen Richtung *Biesfeld*
↑	**60,6**	in der Spitzkehre rechts halten
↓	**61,6**	am Ende der Straße in Biesfeld zunächst links fahren, geradeaus über den Kreisverkehr und
↑	**61,8**	an der Ampel rechts abbiegen Richtung *Köln / Bergisch Gladbach*
↑	**65,1**	rechts abbiegen Richtung *Wipperfürth / Altenberg*
↓	**66,9**	links abbiegen auf die *B 506* Richtung *Köln / Bergisch Gladbach*
↑	**68,1**	in Eikamp an der Ampelkreuzung rechts abbiegen Richtung *Odental / Altenberg*
↑	**71,6**	hinter Scherf rechts abbiegen Richtung *Bechen*
↓	**73,1**	links abbiegen Richtung *Altenberg / Neschen*
↑	**74,7**	in Scheuren rechts abbiegen Richtung *Altenberg*
↓	**75,9**	links abbiegen Richtung *Burscheid / Darbringhausen*
↑	**79,7**	rechts abbiegen Richtung *Hückeswagen*
↓	**79,9**	links abbiegen zum Parkplatz *Märchenwald*

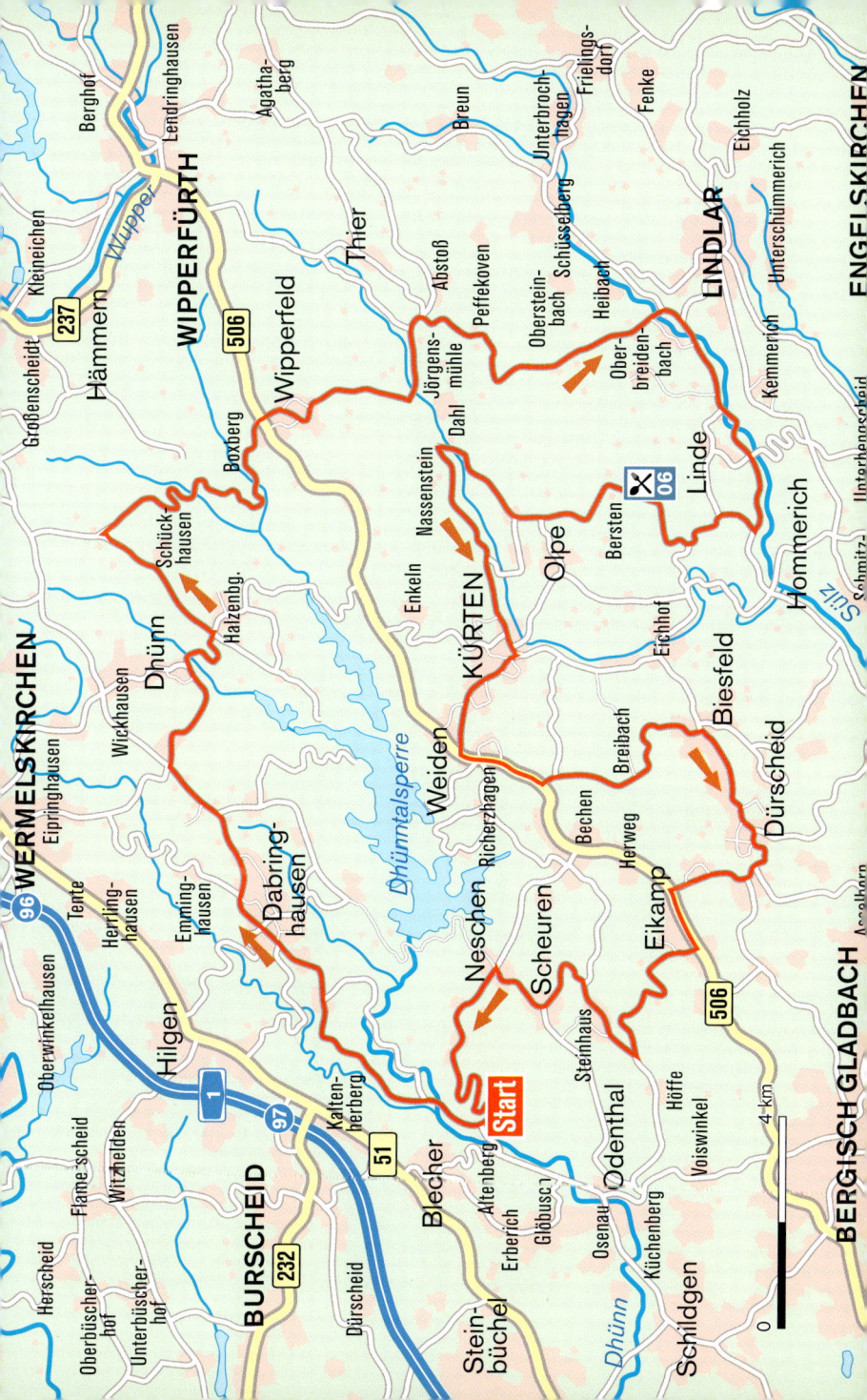

Über die Wupper

Typ:	kompakte Tour durchs Grüne rund um Solingen
Geeignet für:	alle Zweiradgattungen
Länge:	knapp 90 km ab Düsseldorf
Sightseeing:	ordentlich
Kurven:	lohnenswert
Motorrad-Dichte:	abschnittsweise hoch
Kombinationen:	Tour 1 (S. 10), Tour 7 (S. 90)

Motorradtreffs auf dieser Tour

 Café Schräglage (Erkrath)

 Café Hubraum (Solingen)

Neander-tal

Vor 150 Jahren fanden Bauarbeiter in diesem netten Tal die Überreste eines Vorfahren, die mehr als 40.000 Jahre in einer Grotte lagen. 1996 wurde um die sterblichen Überreste des Neandertalers endlich ein richtiges Museum gebaut. Das hat natürlich noch einiges mehr zu bieten als nur alte Knochen. Weit über 1 Mio. Leute haben sich das schon angeguckt.

Nehmen wir mal an, wir wollten für ein paar Minuten aus Düsseldorf raus. Na gut, zwei Stunden können es auch werden – aber dafür sind wir dann plötzlich ganz weit weg von Düsseldorf, fast in einer anderen Welt. Mit viel mehr Himmel, deutlich weniger Blech auf den Straßen. Die sich manchmal sogar ganz reizend biegen.

Okay, dann los auf dem brutalstwestlichen Weg: Über die Morper Straße raus, die uns unspektakulär nach Erkrath und noch unspektakulärer durch Erkrath hindurchführt. Und spätestens nach Unterquerung der Autobahn wird's gemütlich unterwegs. Graues Band zwischen grünen Kurven: Wir gleiten tempoüberwacht in das Neandertal. Gleich in der ersten Kurve gehen hart-

gesottene Moppedtreffler hart in die Eisen, linker Hand wartet Café Schräglage auf motorradfahrende Kundschaft.

Wer nicht einkehrt, rollt weiter auf und neben den Spuren der frühzeitlichen Höhlenbewohner. Was dem Ösi sein Ötzi ist… Vom Neandertal führt uns die Route nur bis vor die Tore Mettmans, um von dort nach Osten zu entweichen. Wir winden uns so gut es geht um Gruiten herum. An der nächsten Ampel ist Geduld gefragt: Aber, „ich bin jung, ich kann noch warten". Und ein paar Kilometer weiter bleibt uns der Kontakt mit Solingen leider nicht gänzlich erspart. Fügen wir uns also ins Unvermeidliche und zockeln drei Kilometer auf unattraktiven Stadtstraßen gen Süden, wo es uns wieder besser gehen wird. Das Museum Baden macht im Vorbeifahren einen schrägen Eindruck. Wer anhält, gewinnt vielleicht Erkenntnisse.

Nachdem wir endlich wieder ins Grüne tauchen, machen wir uns auf den direktesten Weg ins Café Hubraum. Wer hier nicht mal kurz anhält, ist wirklich Treff-resistent. Während wir einen Kaffee

Museum Baden

Schräge Figuren, Fenster, die scheibchenweise aus der Fassade herauspurzeln – ungewöhnliche Perspektiven. Ein merkwürdiges Museum? Im Grunde nicht. Es hat nur einiges seiner Kunst einfach nach draußen gestellt.

schlürfen, entbrennt die Diskussion, ob man nicht auch einfacher ins Hubraum gekommen wäre. Sicher, es gibt auch einen anderen Weg. Den pragmatischeren: Hinter'm Neandertal weiter um Mettmann östlich herum bis zur B 7. Und die führt schnurstracks zur A 535-Auffahrt Wuppertal-Dornap. Und die A 535 wird weiter südlich zur vierspurigen L 74, von der man bei Kohlfurth abfahren muss, um mittenmang im Hubraum zu landen. Naja, wer gerne Autobahn fährt ...

Vom Café Hubraum aus bleibt keine andere Wahl, als sich noch mal auf die L 74 zu hängen, bis zum Ende durchzuzockeln und dann der Müngstener Brücke einen Besuch abzustatten. Da es hier aber nicht weitergeht, nehmen wir den legalen Weg und damit auch ein paar ausgesprochen nette Serpentinen. Dann noch mal Solingen, ganz kurz, bevor es stracks zur Wupper runtergeht. Auf dem Weg dorthin fällt dir plötzlich auf, dass den Oberleitungen über dir die dazu passenden Straßenbahnschienen fehlen. Wenn dich da mal nicht der O-Bus streift…

Burg an der Wupper und der dazu gehörende Ausflügler-Rummel erinnern verdammt an Touri-Dörfer im Schwarzwald. Also schnell weg und ab über die Wupper. Doch der Rummel ist noch steigerungsfähig – nämlich in Schloss Burg. Während manche Ausflügler den Weg von den Tiefen des Ortes zu den Höhen des Schlosses mit der Seilbahn machen, sind wir flugs einige Serpentinen hinaufgeeilt. Oben können wir uns dem bunten Trubel anschließen, die Burg besichtigen, uns auf ein Getränk niederlassen – oder einfach weiterfahren.

Auf feiner Cruiser-Strecke geht es hinter Schloss Burg dann wieder etwas zügiger weiter, bis uns in Wermelskirchen der Neubau der Umgehungsstraße nicht wirklich glücklich macht, weil uns die langen Ampelphasen nerven. Stressfrei geht es aber bald wieder raus aus Wermelskirchen und wir staunen über das hübsche Arbeitsamt, untergebracht in einer alten Backstein-Fabrik. Ob das höhere Vermittlungsquoten bringt?

Schloss Burg

Das Bergische Land heißt nicht etwa so, weil es hier hügelig ist, sondern es ist benannt nach den Grafen von Berg. Und jene errichteten dereinst im Mittelalter Schloss Burg. Die imposante Burganlage, eine der größten Deutschlands, wurde vor rund 100 Jahren restauriert und wieder aufgebaut. Wer sich für Adel und Rittertum, Leben und Überleben im Mittelalter interessiert, wird im Bergischen Museum in der Burg auf seine Kosten kommen.

Bald können wir uns dem genüsslichen Tourteil widmen: „Kleine Straßen – kleinste Sträßchen". Hinter Vorderhufe, nämlich exakt bei Hinterhufe, biegen wir rechts ab ins Gewusel der schmalen Asphaltbänder. Wonnig und mit der einen oder anderen Spitzkehre geht's in feine Natur. Und dann gibt es dort noch eine prima Einkehrmöglichkeit für alle, die dem kulinarischen Treff-Standard einmal entfliehen wollen: Das Kartoffelhaus „Neuemühle" stellen wir als Tipp auf der nächsten Seite vor!

Die nette Straße führt uns durch Waldstücke, vorbei an Wiesen und Weiden nach Dabringhausen, dem wir nicht wirklich einen Besuch abstatten wollen. Also Kurs auf Hilgen und weiter durchs schmale Kurvenvergnügen. Das Grinsen unterm Helm wird immer breiter und einige Spitzkehren fördern die Durchblutung. Vor Hilden biegen wir rechts ab, denn wir müssen nach Witzhelden. Dringend. Schließlich trifft man nicht alle Tage auf Leute, die ihr Dorf so be-

... schöne Piste. Noch mal kurz auf die Karte schauen - und dann los!

scheuert nennen. Bald sind wir beruhigt. Ganz normale Leute, ganz normales Dorf. Weder witzig noch heldenhaft.

Die Fahrt Richtung Leichlingen ist dann ruhig und ohne besondere Vorkommnisse. Genießen wir also die Gegend – es gibt eine Menge davon. Einige Kurven halten uns munter, und irgendwann erreichen wir wieder die Wupper. Ein paar Meter noch längs des Flusses – und dann heißt es, den Heimweg anzutreten. Diesmal kurven wir westlich um Solingen rum, und bis zur Ohligser Heide meist im Grünen.

Dann lässt es sich nicht mehr vermeiden: Wir müssen durch Stadtgebiet. Jetzt ist es Hilden, das uns weder begeistern noch wirklich ärgern kann. Spätestens ab Unterbacher See ist die Strecke dann wieder frei. Und das bleibt sie fast bis Düsseldorf-Gerresheim, wo wir doch eben erst aufgebrochen sind.

Neuemühle   **Wermelskirchen**

Kartoffelhaus mit Biergarten

Adresse:
Neuemühle 1
42929 Wermelskirchen
Tel: 02196 - 97 16 74
www.kartoffelhaus-neuemuehle.de

Zeit:
Mi bis Fr: 16-24 Uhr
Sa, So: 11-24 Uhr

Karte: Seite 27

Lage & Umgebung:

Atmosphäre:

Ausstattung:

Essen & Trinken:

Motorraddichte:

Showfaktor:

Die Neuemühle liegt zwar direkt an der Straße. Aber wer kommt hier schon vorbei? Also sitzt man gemütlich in lauschiger Landschaft und genießt (bei Appetit) Erdäpfel in allen Variationen. Reibekuchen, Röstis, Aufläufe und selbstverständlich auch Vorspeisen: Kartoffelsuppe, Kartoffelbruschetta und sogar Kartoffelbrot. Fleisch gibt's nur als Beilage.
Man kann hier aber auch einfach auf eine Tasse Kaffee und ein Stück Kuchen einkehren. Übrigens: Auch drinnen ist die Neuemühle sehenswert.

Richtg.	km	Info
←	0,0	Start in Düsseldorf, Morper Straße, Ortsausgangsschild, Richtung *Erkrath*
←	1,6	geradeaus weiter Richtung *Mettmann / Neandertal*
←	2,6	geradeaus weiter Richtung *Mettmann / Neandertal*
●	4,1	*Café Schräglage*
●	5,9	*Neandertalmuseum*
↓	7,7	links abbiegen Richtung *Düsseldorf / Ratingen*
↓	8,0	links abbiegen Richtung *Wuppertal*
↑	10,2	rechts abbiegen Richtung *Haan / Gruiten*
↑	11,9	abknickende Vorfahrt rechts, weiter Richtung *Haan / Gruiten*
↓	12,5	an der Ampelkreuzung links Richtung *Ortsmitte*
↖	12,7	an der Weggabelung halbrechts (keine Ausschilderung)
↓	13,1	links abbiegen auf die *Brückenstraße*
↑	13,3	rechts über die Brücke (Fahrtrichtung)

Richtg.	km	Info
↓	13,7	links abbiegen Richtung *Solingen*
←	15,0	geradeaus Richtung *Solingen*
↓	15,4	links abbiegen Richtung *Solingen / Wuppertal-Vohwinkel*
↑	17,8	rechts abbiegen auf die *B 224* Richtung *Solingen-Zentrum*
↙	19,7	halblinks halten Richtung *Remscheid / Solingen*
↓	21,1	links abbiegen Richtung *Wuppertal / Remscheid*
↙	21,9	halblinks Richtung *Wuppertal / Remscheid*
●	23,9	*Café Hubraum*
↑	24,2	auf die *B 224* Richtung *Remscheid* fahren
↑	28,4	am Ende der B 224 rechts abbiegen auf die *B 229* Richtung *Solingen*
●	28,5	Abstecher zur *Müngstener Brücke:* hier links abbiegen (ca. 800 m)
↓	31,6	links abbiegen Richtung *Solingen-Burg*
↓	36,0	an der Stoppstraße links abbiegen

Richtg.	km	Info
↗	**37,2**	rechts abbiegen Richtung *Wermelskirchen*
↓	**42,0**	links abbiegen Richtung *Wuppertal / Remscheid*
↑	**42,5**	rechts abbiegen Richtung *Dabringhausen*
↑	**44,7**	rechts einbiegen Richtung *Hinterhufe*
●	**46,1**	*Kartoffelhaus Neuemühle*
↑	**48,8**	rechts abbiegen Richtung *Köln / Altenberg*
↑	**49,4**	in Dabringhausen rechts abbiegen Richtung *Hilgen*
↓	**52,9**	in Hilgen links abbiegen auf die *B 51* Richtung *Leverkusen / Burscheid*
↑	**53,4**	rechts abbiegen Richtung *Langenfeld / Leichlingen*
↑	**60,8**	rechts abbiegen Richtung *Bremersheide*
↓	**62,4**	links abbiegen Richtung *Leichlingen*
↑	**64,9**	rechts abbiegen Richtung *Solingen*
↑	**66,4**	rechts abbiegen Richtung *Solingen*

Richtg.	km	Info
↙	68,1	hinter der Wupper scharf links abbiegen
←	69,9	geradeaus Richtung *Solingen-Ohligs*
↙	70,7	an der Ampel links in die *B 229* biegen und sofort wieder
↑	70,7	unter der Eisenbahnbrücke rechts abbiegen *(Landwehr)*
↓	73,5	an der Ampelkreuzung links abbiegen in die *Langhansstraße* (Ausschilderung *Engelsberger Hof*)
↑	77,1	an der Ampelkreuzung rechts abbiegen in die *Lindenstraße* (keine Ausschilderung)
↓	77,6	links abbiegen in die *Baustraße*
↓	77,7	links abbiegen, sofort wieder der abknickenden Vorfahrt rechts folgen (auf der Baustraße bleiben)
↑	77,9	rechts abbiegen in die *Richrather Straße*
↑	80,0	rechts abbiegen Richtung *Solingen / Erkrath*
↓	82,5	links abbiegen Richtung *Düsseldorf*
↑	87,5	der abknickenden Vorfahrt rechts folgen
●	88,2	Ankunft *Düsseldorf, Morper Straße*

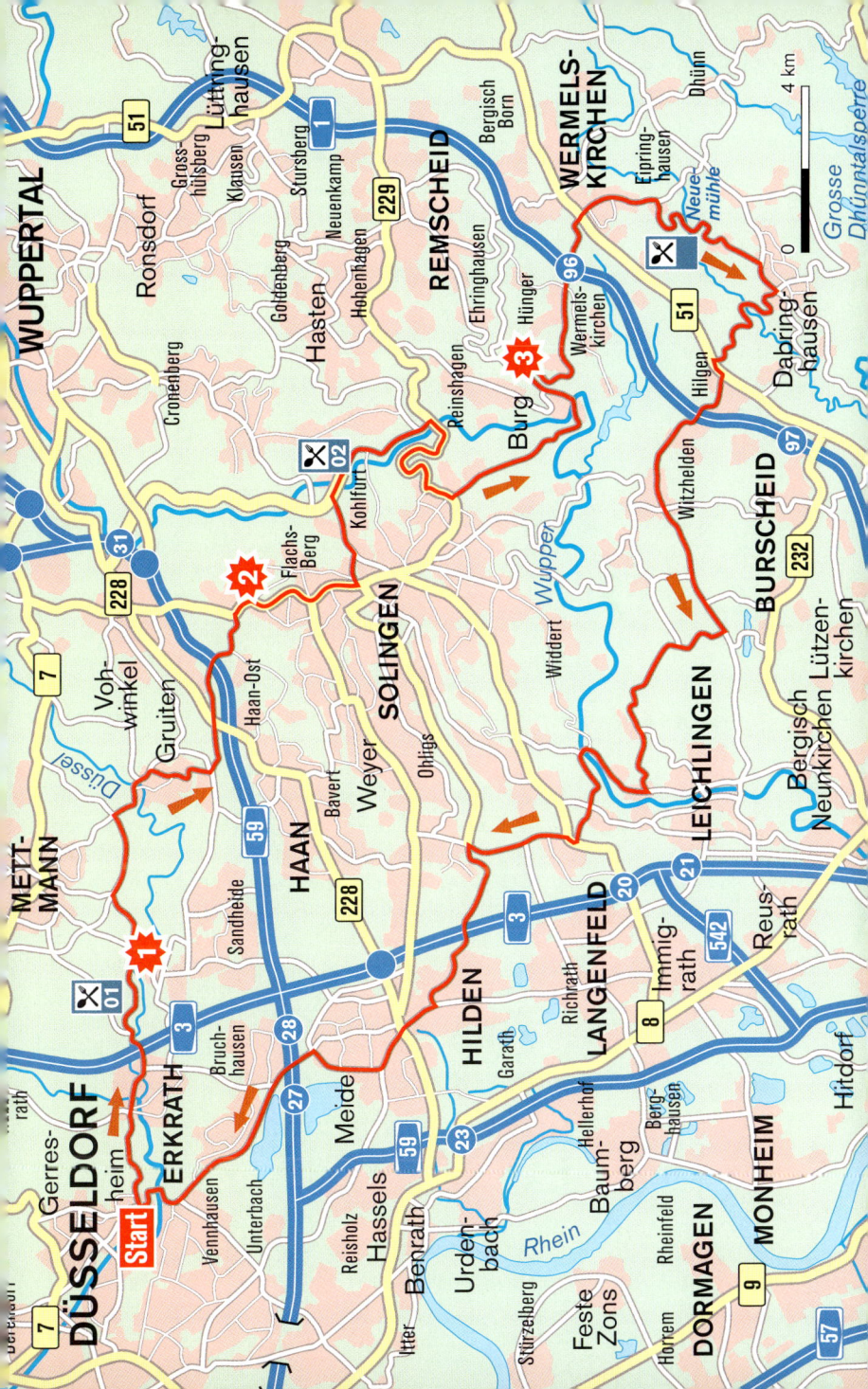

Käffer, Kirchen, kleine Wege

Typ:	landschaftlich reizvolle Runde östlich von Köln
Geeignet für:	Tourer, Sportler, Cruiser
Länge:	ca. 84 km oder alternativ ca. 91 km ab Köln-Dellbrück
Sightseeing:	ausgesprochen wenig
Kurven:	mittel, einige enge Spitzkehren
Motorrad-Dichte:	gering
Kombinationen:	Tour 1 (S. 10), Tour 4 (S. 38), Tour 7 (S. 90), Tour 8 (S. 104)
Besonderes:	kurzer Abschnitt ist sonn- und feiertags gesperrt

Wenn man von Köln kommend nach Nordwest raus will, liegt zunächst Bergisch Gladbach im Weg. Versuchen wir also, uns so gut es geht nördlich dran vorbei zu schlängeln. Über die Mülheimer Brücke kommen wir auf die Bergisch Gladbacher Straße. Wahrlich keine Schönheit – und wahrlich kein Fahrvergnügen. Doch schon bald geht es durchs Grüne, die Straße trägt jetzt den freundlichen Namen „Höhenfelder Mauspfad" und bringt uns nach Norden zum Wildpark Köln-Dünnwald, einem vor allem an Wochenenden beliebten Ausflugsgebiet. Nicht für uns, denn wir wollen weiter. Rein nach Dünnwald – und von dort zielstrebig nach Schildgen. Die Vorfreude auf die schönen Streckenabschnitte müssen wir noch ein paar Kilometer konservieren. Erst geht es durch Tempo-30-Gebiet und dann ein wenig überland auf schlechter Piste. Auf dem Weg nach Voiswinkel gibt ein Doppelschild Rätsel auf: Sonn- und Feiertags Fahrverbot für Kraftfahrzeuge und Motorräder über 1,5 t? Wir haben recherchiert: Grundsätzlich ist diese Strecke für Kfz über 1,5 t gesperrt, an Sonn- und Feiertagen für alle Kraftfahrzeuge. Egal, wie schwer. Wegen Naherholung. Also bleibt uns an diesen Tagen nur die (legale) Alternative über die Altenberger-Dom-Straße nach Odenthal (auf der Karte gestrichelt eingezeichnet).

Hinter Voiswinkel müsste auch der letzte Motor auf Betriebstemperatur sein. Von allen Tempolimits befreit geht es jetzt auf schönem Asphalt endlich herz-

Motorradtreff an dieser Tour

Landhaus Fuchs (Kürten)

haft zur Sache. Kurz vor Steinhaus verlassen wir die gut ausgebaute Straße und vertrauen uns Richtung Eikamp einem kleinen Sträßchen an, das uns mit netten Kurven, vorbei an Höfen, Feldern und Weiden, Richtung Südosten bringt. Und erst in Eikamp wird die flotte Fahrt heftig eingebremst.

Hinter Eikamp touchieren wir zwar die eine oder andere kleine Siedlung, der überwiegende Teil der Strecke bis Dürscheid ist aber dem Kurvenvergnügen gewidmet. Der Asphalt zeigt sich, im Gegensatz zur durchweg feinen Landschaft, von unterschiedlichsten Qualitäten. Ab Dürscheid ist Tempo 70 angesagt, und bis Eichhof ändert sich daran nicht viel. In und um die Siedlung mit dem schönen Namen „Sülze" werden wir auf ein besonderes Naturphänomen aufmerksam gemacht. Wie auch anderenorts wandern hier bisweilen Kröten. Allerdings zu festgelegten Zeiten, nämlich nur von 19.00 bis 6.00 Uhr. Wie die Behörden den Kröten das beigebracht haben, bleibt wohl ihr Geheimnis …

Idylle unterwegs: Kirche in Waldbruch bei Lindlar. Diese Perspektive gibt's aber nur, wenn man mal anhält und sich ins Gras legt …

Hohkeppel

(Bild rechts) Zunächst mal grüßt der Friedhof den Besucher, eingerahmt von Pferdekoppeln und Weiden, und dann wird's ganz schmal, wenn wir uns durchs Fachwerk zwängen. Aber das Fachwerk ist fast noch das jüngste in Hohkeppel. Die Linden spenden jetzt schon 700 Jahre lang ihren Schatten und die Kirche geht zurück auf eine Kapelle aus dem tiefsten Mittelalter. Auf ihren Fundamenten steht jetzt ein klassizistischer Bau mit fünfseitigem Chor und neugotischem Hochaltar. Ach so: Die Fachwerkhäuser sind noch nicht mal 300 Jahre alt.

Während im Angelpark Grundermühle die Forellenliebhaber ihre Würmer in kleinen Teichen längs der Straße baden, dürfen wir wieder etwas frischer am Gasgriff drehen, immer Kurs Lindlar und Hommerich. Wer allerdings eine Kaffeepause im Kreise Gleichgesinnter braucht, kommt hier nicht umhin, einen kurzen Abstecher (2,8 km) zum Landhaus Fuchs zu unternehmen.

Wieder zurück auf der Strecke kann man es krachen lassen. Das schmale Asphaltband windet sich durch wunderschöne Natur, die Kröten werden durch Fangzäune von der Piste ferngehalten – und nur entgegenkommende Autofahrer werden gelegentlich zur Gefahr, weil sie ohne Hilfe eines Mittelstreifens offenbar ihre Fahrspur nicht halten können.

Die Landschaft ringsum zeigt sich von ihrer nettesten Seite: freundlich wölbt sich das Bergische Land, bietet Abwechslung mit Feldern und Wiesen, mit Laub- und Nadelwald – und wäre man nicht gerade mit dem Motorrad hier, könnte man stundenlang durch die Gegend wandern. Aber auch das Asphaltband bietet Abwechslung: Nach einer flotten Etappe auf gut ausgebauter Straße geht es bald wieder auf schmaler Piste mit einigen Spitzkehren durch dichten Tann und entlang munter plätschernder Bäche.

Hinter Vilkerath überqueren wir die Agger und tauchen unter der A 4 durch, bevor es wieder auf kleinen Straßen weiter Richtung Westen geht. Die beschwingte Fahrt auf dem Bergrücken macht durch das schöne Panorama doppelt Laune, und die dann folgenden Kurven passen ebenso ins Programm „unbeschwertes Motorradfahren" – wären da nicht die verräterischen Spuren, die von landwirtschaftlichen Zugmaschinen auf die Straßen gekleckert wurden. Auch in dieser scheinbar so harmlosen Idylle ist der gemeine Ackerschlepper zu Hause. Grund genug für uns, mit der nötigen Um- und Vorsicht zu fahren.

Vorbei an Lorkenhöhe und Krampenhöhe führt die Straße (wie die Ortsnamen vermuten lassen) über den Bergrücken, bevor es dann hinter Falkenich durch den Wald und wieder abwärts geht. Ein kurzes Intermezzo auf breiter Straße und dann vertrau-

en wir uns wieder der schmalen Piste an, die uns via Kirschbaum, Leyenhaus und Kern nach Holl führt. Von hier aus windet sich eine nette Serpentinenstraße runter ins Aggertal, wo wir für etwa 2,5 km auf der breit ausgebauten B 484 fahren.

Da die Bundesstraße weder landschaftliche Reize noch schöne Kurvenerlebnisse bietet, nutzen wir die nächste Gelegenheit zur Flucht nach rechts und überqueren die Agger auf einer alten Holzbrücke Richtung Oberscheid. Direkt hinter der Brücke liegt das anheimelnd wirkende Ausflugslokal „Aggerschlösschen", so einladend, dass man über einen kurzen Boxenstopp nachdenken könnte wenn man sich diesen nicht für den „Flohberg" aufsparen will.

Hinter dem Aggerschlösschen vermiest für wenige Meter eine schlechte Wegstrecke und Tempo 20 das

Eine Rast am Wasser ist auf Touren durch das Bergische Land kein Problem. Meist folgen die Straßen kleinen Flüssen oder munteren Bächen durch ihre Täler. Hier im Bild die Agger.

Vorankommen, dann aber gibt es wieder Asphalt vom Feinsten und dynamisches Fahrvergnügen. Genießen wir es, denn wenn dieses feine Sträßchen auf die L 288 mündet, ist das schöne, freie Fahren auf dieser Tour endgültig vorbei – und wir müssen uns in die Schlange der Dosen einreihen. Stärken kann man sich für diese mentale Anstrengung noch in der Kneipe „Flohberg" in Donrath, traditioneller Treff- und Einkehrpunkt so mancher Motorradfahrer.

Alternativ ist der Rückweg auch noch über die A 3 möglich oder längs des Flughafens. Zwar gilt dort ausnahmslos Tempo 60 – aber man bleibt vom Autoverkehr weitgehend unbehelligt.

Hat man sich für den Rückweg via L 288 entschieden, darf man sich über Mainstreet-Zockelei freuen und die Ortsdurchfahrten Rösrath, Heumar und Neubrück „genießen". Aber wir wollen ja nicht undankbar sein – einige ausgesprochen nette Kilometerchen liegen noch ganz dicht hinter uns.

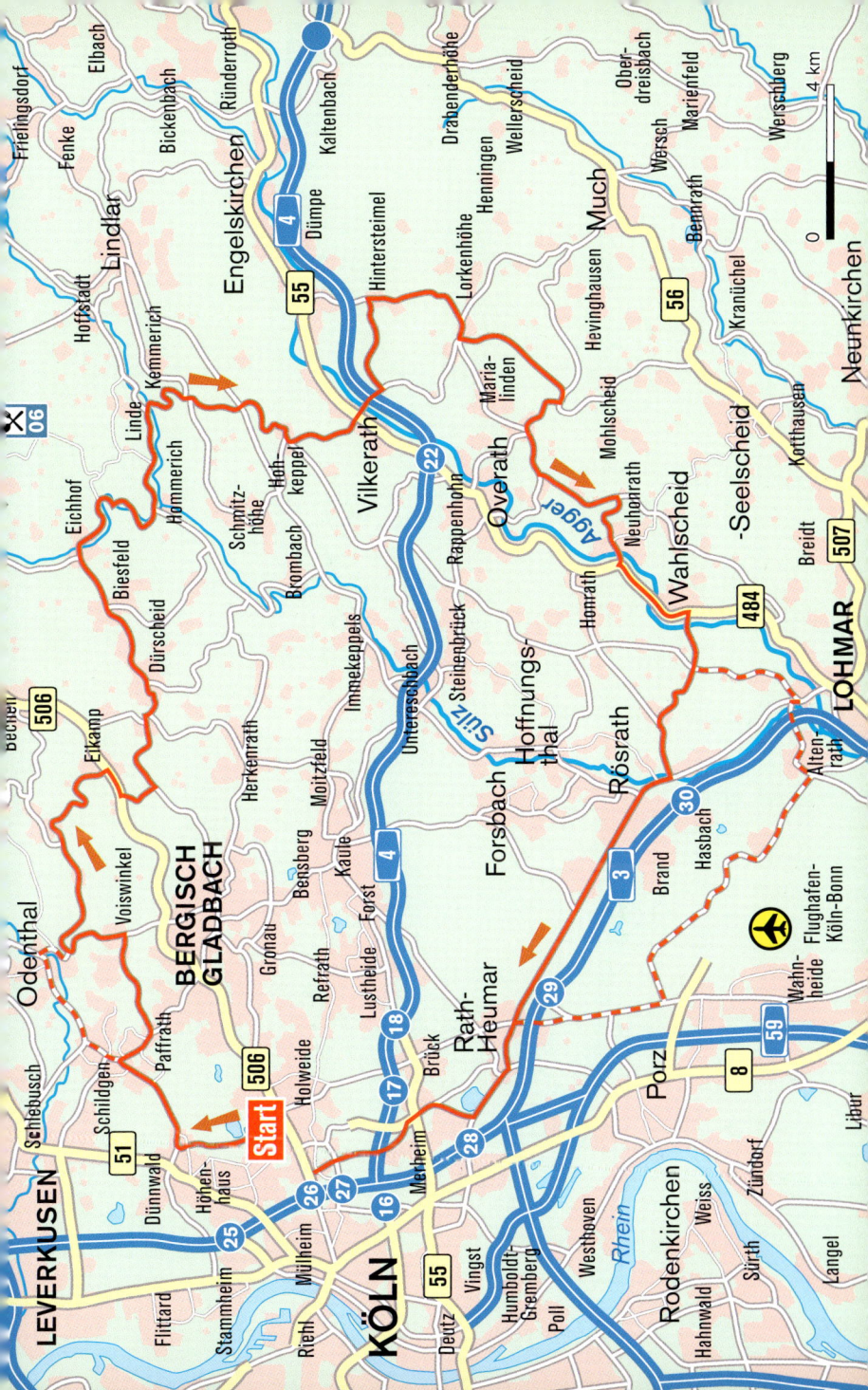

Richtg.	km	Info
↓	0	Bergisch Gladbacher Straße, an der Aral-Tankstelle links in die Wasserwerkstraße biegen, Ausschilderung: *Industriegebiet Moorslede*
←	0,7	den abknickenden Vorfahrten folgen, weiter in den *Höhenfelder Mauspfad* fahren
↑	3,1	in Dünnwald (Stopstraße) rechts abbiegen in die *Leuchterstraße* (keine Ausschilderung)
↑	3,9	am Ende der Leuchterstraße rechts abbiegen (Odenthaler Straße, Beschilderung fehlt)
↑	6,2	in Schildgen rechts abbiegen Richtung *Bensberg / Zentrum* (Kempener Straße) (an Sonn- und Feiertagen geradeaus weiterfahren bis Odenthal, dort im Kreisverkehr 2. Ausfahrt Richtung Bergisch Gladbach, dann links abbiegen Richtung Wipperfürth / Bechen – danach weiter wie ab Kilometer 11,7)
↓	7,3	links abbiegen in den *Weidenbuscher Weg* (Schild: Gärtnerei Florhof)
↓	7,8	links abbiegen in den *Hufer Weg*
↑	8,3	rechts abbiegen in den *Nussbaumer Weg* (kein Straßenschild! – Streckensperrung an Sonn- und Feiertagen)
↓	10,4	links abbiegen in die *Odenthaler Straße*
↑	11,7	rechts abbiegen Richtung *Wipperfürth / Bechen*
↑	15,0	rechts abbiegen Richtung *Einkamp / Scherf*
↑	18,4	in Eikamp rechts abbiegen Richtung *Köln / Bergisch Gladbach*

Richtg.	km	Info
↙	**19,2**	links abbiegen Richtung *Herrenstrunden*
↙	**20,3**	in Herrenstrunden links abbiegen Richtung *Wipperfürth / Kürten*
↖	**23,6**	in Dürscheid geradeaus Richtung *Wipperfürth / Kürten*
↖	**25,8**	in Biesfeld geradeaus Richtung *Wipperfürth / Kürten*
↑	**27,5**	in Eichhof rechts abbiegen Richtung *Lindlar / Hommerich*
↑	**29,1**	rechts halten Richtung *Lindlar / Hommerich* (Abstecher zum **Landhaus Fuchs**: hier geradeaus weiterfahren, ca. 2,7 km)
↙	**31,4**	links abbiegen Richtung *Wipperfürth*
↑	**34,3**	rechts abbiegen Richtung *Hohkeppel*
↑	**36,3**	rechts abbiegen Richtung *Schmitzhöhe* und sofort wieder
↖	**36,4**	halblinks abbiegen Richtung *Hohkeppel*
↖	**37,9**	an der Stoppstraße geradeaus Richtung *Vilkerath / Hohkeppel*
↙	**39,9**	in Hohkeppel links abbiegen Richtung *Vilkerath* (Schild kaum zu erkennen)
↖	**42,3**	in Vilkerath geradeaus Richtung *Marialinden*
↙	**42,8**	hinter der Autobahnbrücke links in die Straße *Obermiebach* einbiegen
↑	**45,9**	rechts abbiegen, auf der Straße *Hintersteimel* bleiben
↙	**49,3**	links abbiegen in die Straße *Krampenhöhe*

Richtg.	km	Info
↑	**52,9**	rechts abbiegen Richtung *Overath*
↓	**54,4**	im Kreisverkehr dritte Ausfahrt Richtung *Lohmar / Eulenthal*
↑	**57,9**	vor dem Ortsteil Holl (grünes Schild) rechts abbiegen (keine Ausschilderung)
↑	**59,5**	in Neuhonrath am Ende der Straße rechts abbiegen (keine Beschilderung)
↓	**59,9**	links abbiegen auf die *B 484* Richtung *Bonn / Siegburg*
↑	**62,3**	rechts abbiegen Richtung *Oberscheid*, dann Ausschilderung *Rösrath* folgen
←	**63,9**	geradeaus Richtung *Köln / Rösrath*
↖	**64,1**	an der Weggabelung (Transformatorhäuschen) halbrechts halten, keine Ausschilderung
↓	**65,8**	am Ende der Straße links abbiegen in die *Schönrather Straße*
↑	**67,5**	rechts abbiegen Richtung *Rösrath*
←	**68,3**	an der Ampelkreuzung geradeaus fahren Richtung *Köln*
←	**74,9**	geradeaus fahren Richtung *Köln*
↙	**75,4**	an der Gaststätte *Jägerhof* halblinks halten Richtung *Köln*
↑	**77,8**	rechts abbiegen Richtung *Neubrück* (Neubrücker Ring)
↓	**79,1**	zweimal der abknickenden Vorfahrt links folgen
↑	**79,9**	rechts abbiegen auf die *Olpener Straße*

Richtg.	km	Info
↙	**80,1**	scharf links abbiegen in die *Broichstraße*
↑	**81,4**	am Ende der Broichstraße rechts abbiegen (keine Ausschilderung)
←	**82,5**	geradeaus fahren
●	**83,6**	Ankunft *Bergisch Gladbacher Straße*
		oder alternativ ab Kilometer 63,9
↓	**63,9**	links abbiegen Richtung *Siegburg / Lohmar / Scheiderhöhe*
↑	**67,3**	rechts abbiegen Richtung *Rösrath*
↓	**67,6**	links abbiegen Richtung *Troisdorf*
↓	**69,1**	im Kreisverkehr 3. Ausfahrt nehmen (keine Ausschilderung)
↑	**69,9**	im Kreisverkehr 1. Ausfahrt nehmen (keine Ausschilderung)
↑	**78,1**	rechts abbiegen Richtung *Bergisch Gladbach-Bensberg*
↙	**80,7**	links abbiegen Richtung *Bergisch Gladbach-Bensberg*
↓	**81,9**	links abbiegen Richtung *Köln Zentrum*
↙	**83,4**	an der Gaststätte *Jägerhof* halblinks halten Richtung *Köln* und weiterfahren wie bei Streckenvariante oben (siehe Kilometer 75,4)
●	**90,6**	Ankunft *Bergisch Gladbacher Straße*

Immer an der Bröl lang ...

Typ:	Nebenstreckentour rund um Siegburg und Hennef
Geeignet für:	Tourer, Cruiser, Sportler
Länge:	ca. 112 km ab Bonn
Sightseeing:	nichts
Kurven:	anregende Mischung
Motorrad-Dichte:	gering
Kombinationen:	Tour 3 (S. 28), Tour 8 (S. 104), Tour 9 (S. 116)

Von einer fremden Welt: Hightech im Bergischen Gestrüpp.

Wo die Sieg in den Rhein fließt, kann man prima zu einer Feierabendrunde starten. Vorausgesetzt, man mag Kurven und kleine Straßen. Vor das Vergnügen haben die Götter der Fahrdynamik aber den Schweiß gesetzt. In Form einiger Ortsdurchfahrten, die eher zur Kategorie „lästig" zählen. Mondorf und Rheidt, zum Beispiel, an denen nach Norden raus kein legaler Weg vorbei führt. Also: Augen zu und durch. Hoppla, der erste Teil der Empfehlung war falsch. Aber was das wache Auge so erblickt, kann nicht wirklich entzücken.

Spätestens ab Niederkassel wird es dann deutlich angenehmer. Ein wenig Grün versöhnt das Auge, das Tempo darf etwas anziehen, dann noch mal mit gebremstem Schaum durch Spich und los geht's auf dem *Mauspfad*. Die Straße Richtung Lohmar heißt tatsächlich so – in Wirklichkeit ist sie aber schön ausgebaut. Deutlich ansteigend und mit manch nettem Kurvenwerk gesegnet, vermittelt sie so etwas wie Fahrspaß, der allerdings bei 70 km/h anfängt, illegal zu werden.

Illegal ist es dann kurz vor Lohmar im Übrigen auch, die Straße zu verlassen. Die Bundesrepublik Deutschland (also wir alle) verbietet uns (uns allen) strengstens, den Wald zu betreten, durch den wir fahren. Transit durchs Sperrgebiet. Und wenn wir dann endlich die Straße verlassen dürften, wollen wir es gar nicht mehr: Schließlich geht's jetzt ohne Tempolimit zügig nach Lohmar.

Motorradtreff auf dieser Tour

 Futterkrippe (Schönenberg)

Lohmar reicht uns durch nach Donrath, wo wir die Kurve kratzen und Kurs nehmen auf Neunkirchen. Die Strecke wird fein, die Landschaft steht nicht nach – nur die Straßenplaner verderben den Spaß mit ihren 70-Schildern. Aber wir registrieren erstaunt, dass es viele Menschen auf 2 oder 4 Rädern gibt, die sich partout nicht ihren Spaß verderben lassen wollen. Wir schütteln über soviel Unvernunft nur den Kopf und fahren ohne Hast weiter.

Steigungen und Gefälle kommen jetzt doch deutlich häufiger vor und die Landschaft zeigt sich von ihrer feinen Seite. Manche Radfahrer scheint gerade diese Kombination zu reizen – deshalb ein wenig Vorsicht bei unseren unmotorisierten Kollegen. Bei Bruchhausen blicken wir dann kurz auf Wasser: Das Sichtbare ist nur ein kleiner Zipfel der respektabeln Wahnbachtalsperre, die sich zwar schmal, dafür aber über mehr als 5 km nach Süden windet.

Hinter Neunkirchen geht es genau so angenehm weiter, wie es vor dem Ort schon war. Die Straße windet sich in entzückenden Kurven, die aber mit Umsicht genommen werden wollen. In nahezu jeder Ecke gibt es eine Einmündung, die Sicht ist begrenzt. Hier kann man die Speedlimits (fast) akzeptieren. Noch mehr Biegungen als die Straße hat allerdings die Bröl, die uns auf einigen Kilometern Gesellschaft leistet, sich aber nur gelegentlich blicken lässt.

Last Exit Neunkirchen

Am Kreisverkehr in Neunkirchen gibt es eine Tankstelle, die vor allem an Wochenenden einen Stop lohnt. Nicht unbedingt um zu tanken, auf alle Fälle aber um zu gucken. Hier fahren ungewöhnliche Menschen auf ungewöhnlichen Zweirädern <50 ccm vor, hier kaufen Nonnen ein und der Kreisverkehr läuft auch nicht richtig rund. Aber vielleicht muss man ja wirklich nur tanken ...

Aus einer alten Welt: Fachwerk an der Bröl.

Bei Bröleck könnten wir eigentlich beidrehen und Kurs Südost einschlagen. Irgend etwas hält uns aber bei der Bröl. Das Flüsschen biegt links ab – und wir hinterher. Bis Röttgen treiben wir noch das neckische Versteckspiel mit dem Wasser, dann folgen wir lieber dem Ruf nach Waldbröl. Die Landschaft wechselt von „schön" nach „sehr schön", die Piste ist frei – nur der Asphalt hat auf dieser Tour schon bessere Momente gesehen. Sei's drum! Wir schwingen über das kleine Sträßchen, drehen bei Oberelbe nach Süden und geben Gas Richtung Ruppichteroth. Das landschaftliche Drumherum hält seinen Standard, die Straße zeigt sich wieder von ihrer besseren Seite und die Fahrt bis Ruppichteroth ist ein ungetrübter Genuss.

Etwas langsamer geht es dann weiter bis Schönenberg, wo viele Motorradfahrer vor der Futterkrippe, einem recht beliebten Moppedtreff, in die Eisen gehen. Hinter Schönenberg demonstriert die Landschaft, dass hier auch Wald wachsen kann – auf angenehmer Kurvenstrecke geht es mitten hindurch – natürlich nicht schnurgerade, sondern in schönen Winkeln. Auf halber Strecke, die uns unweigerlich nach Eitorf bringen würde, biegen wir ab, um via Tanneck ein wenig Schleichweg unter die Räder zu nehmen. Die Qualität der Straße kann nicht immer mit der Qualität der Landschaft mithalten, aber

Viel Grün – wenig Verkehr: Abseits der Hauptrouten hat das Bergische Land seine ganz eigenen Reize.

trotzdem: Die nun folgenden Kilometer der Einsamkeit kann man mit stiller Freude genießen.

Wenn wir die Sieg überqueren, teilen wir uns die Straße wieder mit anderen Fahrzeugen und stechen bei Bach durch zwei feine Spitzkehren wieder in die Natur. Über Süchterscheid und Uckerath geht es auf angenehmer Piste mal mit mal ohne Tempolimit gen Westen. Wenn sich der Blick öffnet, breitet sich ein schönes Panorama aus, die Hügel am Horizont sind bereits der nördliche Ausläufer des Siebengebirges.

Je mehr wir uns dem Rhein nähern, desto niedriger wird das Höhenniveau. Wir lassen Oberpleis rechts liegen und steuern über Heisterbacherrott dann Königswinter an. Noch einmal ein paar schöne Kurven (mit Ansage!) und mittendrin die Chor-Ruine des ehemaligen Klosters Heisterbach. In Königswinter ist dann Schluss mit Lustig, wir zockeln auf die B 42, die uns zur A 59 bringt. Am Autobahndreieck Bonn-Beuel ist dann noch mal ein Richtungswechsel angesagt, um über zwei Kilometer auf der A 565 dann wieder den Ausgangspunkt, die Anschlussstelle Bonn-Beuel-Nord, zu erreichen.

Wer seinen Blick nur stur auf die Straße heftet, wird diesen Himmel nicht sehen ...

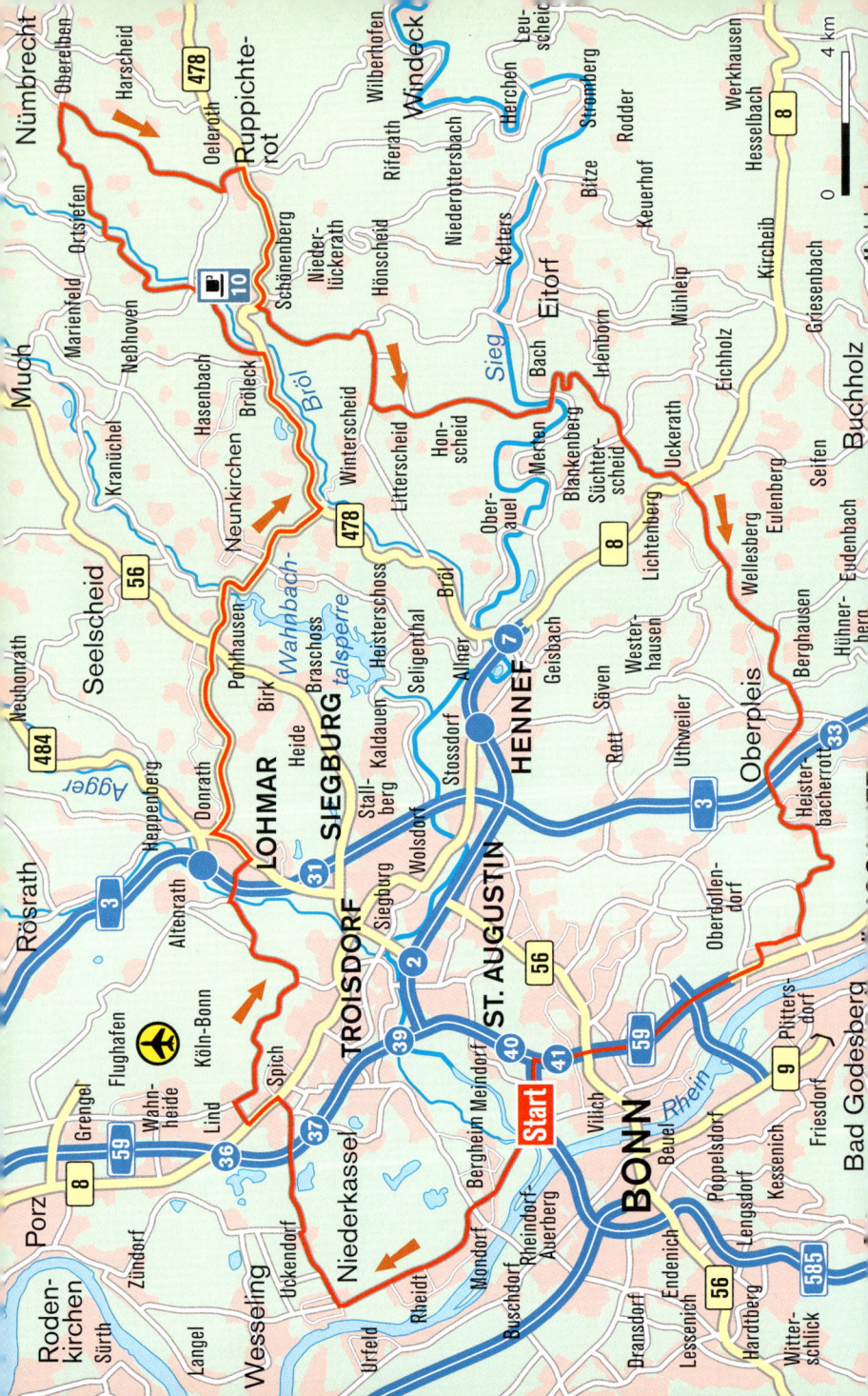

Richtg.	km	Info
←	0,0	Start auf der Niederkasseler Straße, Autobahnanschluss Bonn-Beuel-Nord (A 565) Richtung *Mondorf*
↑	8,1	an der Ampel in Niederkassel rechts abbiegen Richtung *Spich*
↑	10,5	in Uckendorf rechts abbiegen Richtung *Troisdorf*
↓	10,7	abknickende Vorfahrt links
←	13,5	über den Kreisverkehr weiter geradeaus
↓	14,5	an der T-Kreuzung links abbiegen (keine Ausschilderung)
↑	14,8	rechts abbiegen (keine Ausschilderung)
↓	14,9	links abbiegen Richtung *Köln*
↑	15,7	rechts abbiegen Richtung *Troisdorf / Altenrath*
↑	16,6	an der Stopstraße rechts abbiegen Richtung *Lohmar*
↓	21,0	an der Ampel links abbiegen Richtung *Lohmar*
↑	22,8	rechts abbiegen Richtung *Lohmar*
↑	24,5	an der Stopstraße rechts abbiegen Richtung *Siegburg / Lohmar*
↓	25,4	hinter dem Kreisverkehr an der Ampelkreuzung links abbiegen (keine Ausschilderung)
↑	26,9	an der Ampel rechts abbiegen Richtung *Waldbröl / Neunkirchen*

Richtg.	km	Info
←	**32,8**	an der Ampel geradeaus weiterfahren Richtung *Waldbröl / Neunkirchen*
↑	**34,7**	rechts der abknickenden Vorfahrt folgen Richtung *Waldbröl / Neunkirchen*
←	**36,2**	geradeaus über den Kreisverkehr
↓	**38,9**	an der Stopstraße links Richtung *Waldbröl / Ruppichteroth*
↓	**43,9**	in Bröleck an der zweiten Möglichkeit links abbiegen Richtung *Wiehl /Nümbrecht*
←	**47,0**	weiter geradeaus Richtung *Nümbrecht*
↑	**50,6**	rechts abbiegen Richtung *Waldbröl*
↖	**51,2**	an der Weggabelung halblinks (keine Ausschilderung)
↑	**55,3**	rechts abbiegen Richtung *Ruppichteroth*
↓	**61,0**	in Ruppichteroth links abbiegen (keine Ausschilderung)
↑	**61,9**	im Kreisverkehr rechts raus Richtung *Bonn / Hennef (B 478)*
●	**66,0**	Motorradtreff *Futterkrippe*
↓	**66,5**	links abbiegen Richtung *Eitorf*
↑	**70,1**	rechts abbiegen Richtung *Winterscheid* (Beschilderung nur aus Gegenrichtung lesbar!)
↓	**72,2**	am *Haus Tanneck* links abbiegen (keine Ausschilderung)

Richtg.	km	Info
↙	**72,7**	am Ende der Straße links abbiegen (keine Ausschilderung)
↙	**77,8**	an der Weggabelung in Merten halblinks (keine Ausschilderung)
←	**78,3**	an der Stopstraße geradeaus Richtung *Uckerath / Mittelscheid*
↓	**84,5**	in Uckerath am Ende der Straße links abbiegen
↑	**84,6**	an der Ampel rechts abbiegen Richtung *Oberpleis*
↑	**89,8**	rechts abbiegen Richtung *Oberpleis*
←	**91,7**	an der Ampel weiter geradeaus Richtung *Königswinter*
←	**92,5**	weiter geradeaus Richtung *Bonn*
←	**95,2**	geradeaus weiter Richtung *Niederdollendorf*
↗	**100,9**	scharf rechts abbiegen Richtung *Bonn*
↓	**102,0**	abknickende Vorfahrt links Richtung *Bonn*
↑	**102,1**	rechts abbiegen auf die *B 42* nach *Bonn*, weiter auf die *A 59* Richtung *Köln*
↓	**109,6**	im Autobahndreieck auf die *A 656* Richtung *Bonn* fahren
↑	**111,8**	Anschlussstelle *Bonn-Beuel-Nord* abfahren
●	**112,2**	Ankunft am Ausgangspunkt Niederkasseler Straße

Schlote und Schlösser

Typ:	abwechslungsreiche Runde durch die Kölner Bucht
Geeignet für:	Cruiser, Tourer, Roller
Länge:	ca. 110 km ab Köln-West
Sightseeing:	einiges
Kurven:	wenig
Motorrad-Dichte:	gering
Kombination:	Tour 6 (S. 56)

Abtei Brauweiler ❶

1024 gegründet, gehört sie heute zu den schönsten Klöstern des Rheinlandes. Was sie aber alles erlebt hat, war bei weitem nicht so strahlend: Napoleon ließ hier Bettler einquartieren, danach war es eine „Korrektionsanstalt". Die Nazis machten die Abtei zum Konzentrationslager und zum Gestapogefängnis. Nach dem Krieg war sie Arbeitsanstalt, später Psychiatrie. Heute werden von hier Kultur, Denkmäler und Museen verwaltet.

Wer Kurven sucht, wird auf dieser Seite des Rheins wesentlich seltener fündig als drüben im Bergischen. Trotzdem, auch hier lohnt es, gelegentlich mal eine Runde zu drehen. Grün ist es hier nämlich ebenfalls, viele Straßen laden zum entspannten bis dynamischen Cruisen ein, manch Sehenswertes liegt an der Strecke – nur die Hügel fehlen.

Fluchtpunkt: Köln, Fluchtrichtung: Westen. Raus geht es über die Aachener Straße und Lövenich Richtung Brauweiler. Bald liegen alle Schrecken der Kölner Vorstädte hinter uns, und grünes Feld lacht einladend. Nach nur wenigen Minuten freier Fahrt ist Brauweiler die erste ernstzunehmende Ortschaft, die sich uns in den Weg stellt. Aber Brauweiler ist nicht irgendein Dorf, sondern ein kleines Städtchen, das schon fast einen eigenen Besuch verdient hätte.

Jetzt umkurven wir die ehemalige Abtei, die in ihrer 1.000-jährigen Geschichte nicht nur fromme Männer, sondern auch viel Leid und Elend gesehen hat, nehmen aus den Augenwinkeln die eindrucksvolle St. Nikolaus-Kirche wahr und steuern den Kathedralen des Industriezeitalters entgegen. Diese sind zwar um einiges mächtiger und höher als der St. Nikolaus-Turm, allerdings auch um ein Vielfaches hässlicher: Die Braunkohle hat hier nicht nur gigantische Krater in der Landschaft hinterlassen, sondern wird in riesigen Kraftwerken auch gleich vor Ort verstromt.

Hinter Brauweiler können wir zeitweise beherzt Gas anlegen und den Motor auf optimale Betriebstemperaturen bringen. Während links Golfer einlochen, zieht rechts der Bauer seine Furchen in den Boden. Zwischen Sports- und Landmann rauscht der Fahrensmann hindurch, der sich über ausgesprochen ordentlichen Asphalt freuen kann. Und sieh an, es kommen auch irgendwann ein paar Kurven ins Geläuf. Aber wenn es dann eines der seltenen, wirklich schönen Exemplare ist, haben die Straßenplaner ganz viel Angst um uns. Stellen ein Tempo 50-Schild davor und verderben allen Spaß. Auf der anderen Seite des Rheins würde niemand auf die Idee kommen, vor einer solchen Kurve ein Schild aufzustellen. Schon komisch das.

Während man den Steinkohlebergbau gut an seinen verräterischen Schachtgerüsten erkennen kann, tarnt sich der Braunkohleabbau nahezu perfekt. Von dem gigantischen Loch direkt neben uns, das wir im

Land der Kontraste: Ein Heuschober verfällt, ein Kraftwerk macht Dampf – und wir mitten drin ...

Lichter's Oldiethek ③

In Anstel lohnt es sich, die Route für einen kleinen Schlenker zu verlassen. Wenn man Schräges mag, wird man in Rommerskirchen-Butzheim fündig: Fernsehkoch Horst Lichter sorgt sich in seiner „Oldiethek" nicht nur um das leibliche Wohl seiner Gäste, sondern verblüfft mit einem herrlichen Durcheinander alter Schätzchen und gepflegtem Trödel. Natürlich gibt es auch sehenswerte Motorräder in Lichters skurriler Welt.

Lichter's Oldiethek
Landstraße 31
41569 Rommerskirchen-Butzheim
Tel: 02183 - 8 18 55
Mi, Do, Fr 14 - 1 Uhr
Sa 13 - 1 Uhr
So 12 - 1 Uhr
Mo, Di: Ruhetag
www.oldiethek.de

Bogen nördlich umkurven, merken wir nichts. Ein schmales Kiefernwäldchen nimmt uns die Sicht auf Fortuna-Garsdorf. Rechter Hand erstreckt sich übrigens das noch größere Areal von Garzweiler I.

Ganz dicht am Westrand von Fortuna-Garsdorf liegt Bedburg, oder besser das, was von Bedburg noch übrig geblieben ist. Die riesigen Braunkohlebagger haben fast die Hälfte des ursprünglichen Stadtgebietes gefressen. Ein alter Ortskern und das sehenswerte Schloss sind allerdings stehen geblieben.

Weiter geht's Richtung Westen – und die Kirchtürme weisen uns den Weg von Ortschaft zu Ortschaft. Dazwischen immer wieder alte Gutshöfe, die heute – ein wenig abseits der Straße – meist vor sich hindämmern. Wir fahren durch Kalrath, das nur ein einziger, dafür aber ziemlich großer Bauernhof zu sein scheint. Ringsum ist Ackerland und die Kraftwerksschlote verschwinden langsam in den Rückspiegeln.

Zwischendurch gibt es immer wieder Streckenabschnitte, wo wir ganz legal das Beschleunigungsvermögen unserer Motorräder überprüfen können, nur die häufigen Ortsdurchfahrten stören den zügigen Fluss. Aber so haben wir ausreichend Gelegenheit, auch noch unsere Bremsen zu checken. Und wir können uns auch ausgiebig die Ortschaften anschauen, durch die wir zockeln. Und uns an die Planungen für Garzweiler II erinnern. Hier fahren wir mitten durch. Käme der umstrittene Tagebau, wäre kein Durchfahren mehr. Und Dörfer schon gar nicht.

Wir verlassen das Braunkohlerevier nach Norden, und weil Orte wie Jüchen oder Grevenbroich nicht zwingend besucht werden müssen, fällt der Bogen gen Norden etwas großzügiger aus. Während wir südöstlich mit gebührendem Abstand an Mönchengladbach entlang schrappen, meint es die Route wieder deutlich besser mit uns. Bei Glehn gibt es dann Sehenswertes: Garten- und Pflanzenfreunde werden um einen Halt am Schloss Dyck nicht vorbei kommen.

Nach den kleineren Straßen folgt jetzt ein Intermezzo auf gut ausgebauter, aber wenig spannender Landstraße. Höchste Zeit also, dass wir ab Kapellen wieder die kleineren Wege unter die Räder nehmen. Diese führen uns zunächst zum Schloss Hülchrath, dann am Schloss Langwaden und Gut Norbisrath

Schloss Dyck

Schon das barocke Schlösschen, erbaut auf vier Inseln, ist sehenswert. Aber hier gibt's noch mehr zu bestaunen: Ringsum hat das „Zentrum für Gartenkunst und Landschaftskultur" 24 experimentelle Gärten angelegt, einige davon schon im Vorbeifahren sichtbar. Mehr ist zu sehen, wenn man mal absteigt. Ein Muss für Pflanzenfreunde!

vorbei Richtung Süden. Bald liegen die Schlösschen und Gutshöfe hinter uns – und die Kraftwerke wachsen wieder am Horizont.

Wenn das Bayerkreuz des Werkes Dormagen auftaucht, sind wir für kurze Zeit auf dem *Holzweg* (die Straße in Delhoven heißt tatsächlich so!), schlängeln uns durch Hackebroich (heißt tatsächlich so – und sieht, sorry folks, leider auch so aus). Wenig schön, diese Industrie- und Wohnansiedlungen in Rhein-Nähe, höchste Zeit also, dass wir den Kurs wechseln.

Vor und um Pulheim herum haben sich die Kreisverkehrfreunde unter den Straßenplanern richtig austoben dürfen. Wo immer auch eine Straßeneinmündung früher den Autofahrer verwirren konnte, schafft heute ein Kreisverkehr Klarheit. Oder auch nicht? Zumindest sorgt er für eine Reduzierung des Tempos. Und so nähern wir uns, von Zeit zu Zeit kreiselgebremst, im nördlichen Bogen um Pulheim herum Fliesteden, das wir ja schon vom Auftakt der Tour kennen. Und in Ermangelung schöner Alternativen nehmen wir dann für die letzten 10 Kilometer dieser Runde die selbe Strecke zurück, auf der wir vom Ausgangspunkt hierher gekommen waren.

Friedliche Nachbarschaft? Noch. Wenn Garzweiler II kommt, braucht der Landmann hier keinen Ackerschlepper mehr.

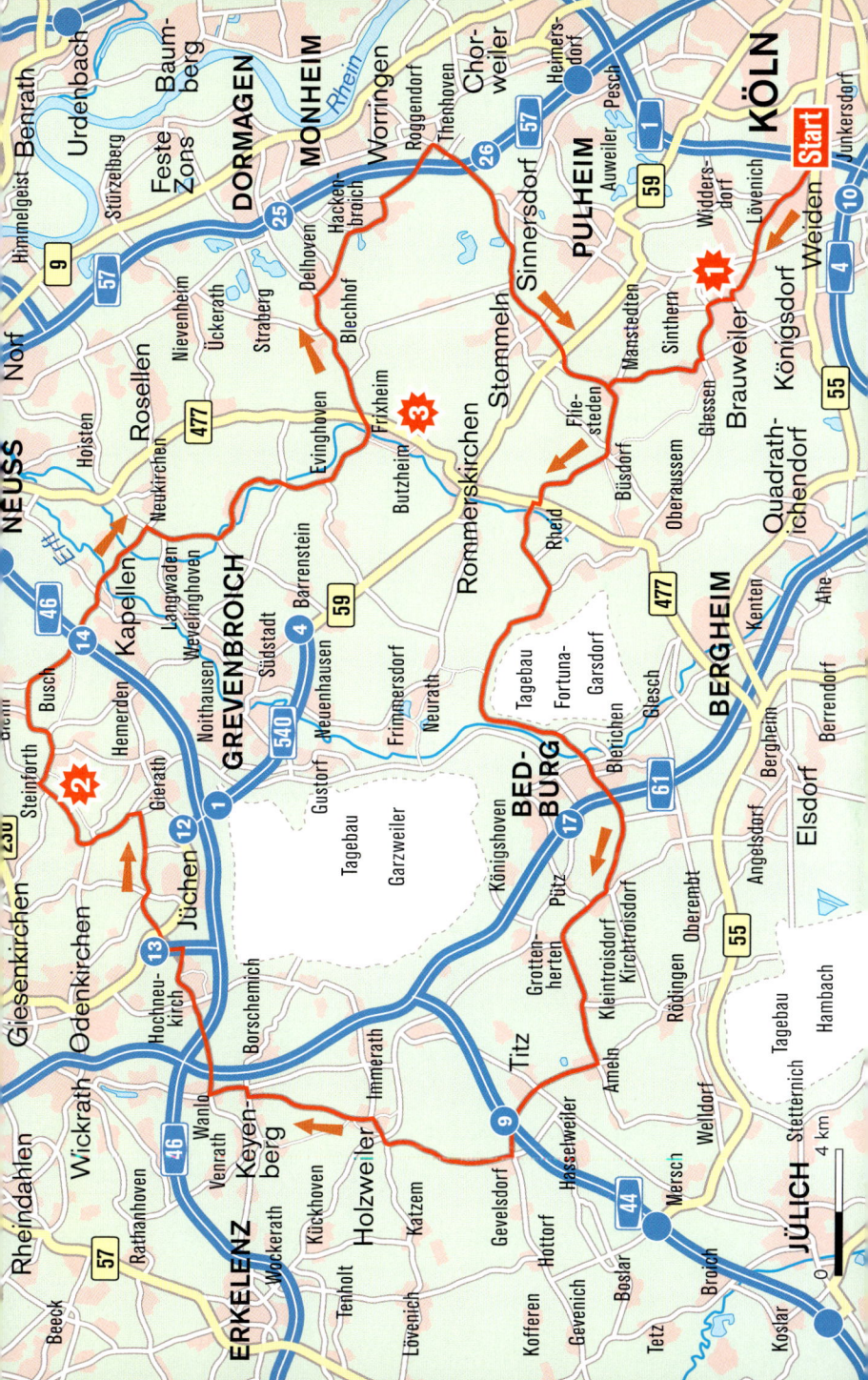

Richtg.	km	Info
←	0,0	Start Aachener Straße in Köln, Anschlussstelle Köln-Lövenich (West)
↑	0,1	am Hotel Haus Weiden-Eck rechts abbiegen in die *Bahnstraße*
↖	0,9	an der Stopstraße halbrechts (keine Ausschilderung)
↙	1,6	halblinks Richtung *Brauweiler*
←	3,7	an der Ampelkreuzung geradeaus Richtung *Bergheim*
↖	5,2	in Brauweiler halbrechts der abknickenden Vorfahrt folgen
↓	6,0	links abbiegen Richtung *Bergheim*
↑	7,8	am Kreisverkehr rechts die erste Ausfahrt nehmen (keine Ausschilderung)
↖	8,2	halbrechts auf die *Hohe Straße* fahren (keine Ausschilderung)
↖	8,3	am Restaurant **Balkanstuben** halbrechts abbiegen
↑	13,5	abknickende Vorfahrt rechts
↖	13,6	halbrechts Richtung *Hüchelhoven / Rheidt*
↑	16,4	an der Stopstraße rechts Richtung *Rommerskirchen*
↓	16,6	links abbiegen Richtung *Hüchelhoven* (weißes Schild)
↑	19,8	rechts abbiegen Richtung *Bedburg / Rath*

Richtg.	km	Info
↓	**25,1**	links abbiegen (keine Ausschilderung)
↑	**27,8**	in Bedburg rechts der abknickenden Vorfahrt folgen
←	**28,0**	geradeaus über den Kreisverkehr Richtung *Stadtmitte*
←	**29,0**	an der Ampel weiter geradeaus Richtung *Welldorf*
↑	**33,4**	im Kreisverkehr die erste Ausfahrt rechts Richtung *Jackerath / Kirchherten*
←	**35,8**	weiter geradeaus Richtung *Ameln*
↑	**39,7**	in Ameln rechts abbiegen Richtung *Titz*
←	**41,8**	über den Kreisverkehr weiter geradeaus Richtung *Linnich*
↑	**44,1**	rechts abbiegen Richtung *Erkelenz / Holzweiler*
↑	**48,3**	rechts abbiegen Richtung *Holzweiler / Erkelenz*
↓	**49,2**	abknickende Vorfahrt links
↙	**49,3**	halblinks an der Kirche vorbei Richtung *Keyenberg*
↗	**53,3**	in Keyenberg halbrechts Richtung *Borschemich*
↓	**53,9**	links abbiegen Richtung *Mönchengladbach-Wickrath*
↑	**54,8**	rechts abbiegen Richtung *Hochneukirch*

Richtg.	km	Info
↓	55,5	im Kreisverkehr letzte Ausfahrt Richtung *Hochneukirch*
←	57,9	an der Stopstraße geradeaus Richtung *Jüchen*
↑	58,7	im Kreisverkehr die erste Ausfahrt Richtung *Jüchen*
←	60,4	an der Stopstraße geradeaus Richtung *Jüchen*
↖	61,9	in Keltenberg halbrechts (keine Ausschilderung)
←	62,0	geradeaus (keine Ausschilderung)
←	62,2	an der Kirche weiter geradeaus
↓	64,7	am Ende der Straße links abbiegen (keine Ausschilderung)
↓	65,1	links abbiegen Richtung *Mönchengladbach*
↑	66,5	rechts abbiegen Richtung *Glehn*
↑	69,3	an der Stopstraße rechts abbiegen Richtung *Glehn*
●	69,9	*Schloss Dyck*
←	71,4	geradeaus Richtung *Korschenbroich*
↑	72,5	an der Stopstraße rechts abbiegen Richtung *Grevenbroich*
↑	76,2	rechts abbiegen Richtung *Neuss*

Richtg.	km	Info
↑	**76,6**	rechts abbiegen Richtung *Hülchrath*
↑	**79,2**	an der Ampel hinter Hülchrath rechts abbiegen Richtung *Grevenbroich*
↓	**79,9**	links abbiegen Richtung *Barrenstein*
↓	**81,5**	links abbiegen Richtung *Rommerskirchen / Hoeningen* (weißes Schild)
↙	**85,1**	halblinks Richtung *Evinghoven*
↓	**88,5**	bis zur B 477 fahren, dort links abbiegen Richtung *Düsseldorf / Neuss*
↑	**88,6**	im Kreisverkehr die erste Ausfahrt nehmen Richtung *Dormagen*
↑	**93,0**	in Delhoven an der Ampel rechts abbiegen Richtung *Hackenbroich*
↓ / ↑	**93,8**	den abknickenden Vorfahrten links und rechts folgen Richtung *Hackenbroich*
↑	**97,3**	im Kreisverkehr am Ortsende Hackenbroich rechts raus Richtung *Köln / Roggendorf*
↑	**99,7**	an der Ampel rechts abbiegen Richtung *Pulheim*
←	**102,0**	geradeaus über den Kreisverkehr Richtung *Pulheim*
←	**103,8**	geradeaus über den Kreisverkehr Richtung *Pulheim*
↓	**108,5**	an der Ampel links abbiegen Richtung *Bergheim / Fliesteden*
↓	**110,2**	in Fliesteden links abbiegen und die letzten 10 Kilometer der Tour auf dem Hinweg wieder zurück fahren

Von Mühlen und Bunkern

Typ:	flotte Tour rund um Erkelenz
Geeignet für:	Cruiser, Tourer, Roller
Länge:	ca. 106 km ab Mönchengladbach
Sightseeing:	einiges
Kurven:	sehr wenige
Motorrad-Dichte:	gering
Kombination:	Tour 5 (S. 46)

Wer nicht unbedingt die Schräglage sucht, sondern ein wenig durchs Grüne cruisen will, kann auch im Nordwesten fündig werden. Zum Beispiel bei einer schönen 100-Kilometer-Tour rund um Erkelenz. Im Westen Mönchengladbachs soll es losgehen, genauer gesagt in Mönchengladbach-Hardt.

Der Ausgangspunkt ist über die Autobahnen A 52 und A 61 gut zu erreichen, die Richtung Süden ist auch nicht zu verfehlen, der Süden heiß hier „Rheindahlen" – und daran geht seit dem Ende des Zweiten Weltkriegs kein militärischer Weg mehr vorbei. Dieser Stadtteil Mönchengladbachs ist eigentlich eine Stadt für sich, zunächst mal Sitz und Stützpunkt britischer Einheiten – und mittlerweile auch die Operationsbasis der schnellen Nato-Eingreiftruppen.

Nachdem wir das britische Rheindahlen passiert haben, nehmen wir Kurs auf das deutsche Rheindahlen. Da wollen wir aber nicht durch, und so fädeln wir uns auf die B 57 und machen einen kleinen Bogen um den Ort. Bevor wir dann auf der gut ausgebauten Bundesstraße richtig Gas geben wollen, steht plötzlich ein neuer Motorradtreff im Weg. Neugierig? Wer anhält, trifft hier alte Bekannte aus dem Heidehaus (siehe auch Seite 87).

Motorradtreff auf dieser Tour

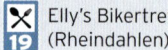 Elly's Bikertreff (Rheindahlen)

In Rath-Anhoven verlassen wir die Bundesstraße und suchen uns einen Schleichweg, der uns in einem sehr großen Bogen östlich um Erkelenz herumführen soll. Der Plan geht auf, und über Wick-

rath, Herrath, Venrath und Kuckum genießen wir kleine Straßen durch Felder und Weiden, wo uns keine Tempobegrenzungen oder andere Limitierungen nerven. Angenehm gleitet es sich durchs Grüne, während wir den Landmann bei seiner Arbeit wahrnehmen und gelegentlich um seine dick bereiften Arbeitsmaschinen einen respektvollen Bogen machen.

Beim Wegesuchen merken wir: Dieser Landstrich ist nicht auf Besucher von außerhalb eingestellt, warum also Ausschilderungen? Die Einheimischen wissen auch ohne Wegweiser, wo's langgeht. Wir allerdings brauchen etwas Spürsinn, um nach Keyenberg zu gelangen. Auf dem Weg dorthin machen sich auch einige Kurven bemerkbar – allerdings mit ausgesprochen milden Radien, die sich selbst mit tiefergelegten Harleys noch kratzfrei durchfahren lassen.

Keyenberg ist eines dieser typischen, flachen Dörfer in maximal zweigeschossiger Bauweise mit Hang zum unverkleideten Backstein – wir werden auf die-

Wie das Land, so das Jever – halt! Da ist was durcheinander geraten. Hier braut man doch ganz anderes Bier ...

Castle Gate

In Glimbach ahnen wir, dass nicht nur der wackere Landmann hier sein Tagwerk verrichtet. Längs der Straße sehen wir – nichts. Dieses aber ordentlich abgesperrt und gesichert. Das Geheimnis liegt unter der Erde: Dort haben sich Militärs eingegraben und die imposanten unterirdischen Anlagen zum Nato-Führungsbunker ausgebaut. „Castle Gate" nennt sich das, beschildert ist es natürlich nicht. Soll der Feind doch suchen!

ser Tour noch einige davon sehen. Auch Holzweiler, der nächste Kirchturm auf dieser Runde, macht da keine Ausnahme. Und wenn schon die Ortschaften solide Berechenbarkeit zum Prinzip machen, will die Landschaft in nichts nachstehen. Also auch hier der zuverlässige Mix aus Wiesen, Weiden und Äckern, immer wieder aufgelockert durch Windräder, die den mächtigen Braunkohlekraftwerken am Horizont nur wenige Kilowatt entgegenstemmen können. Vor allem, wenn sich selbst bei gutem Wind nur zwei von insgesamt zehn Propellern drehen …

Gut ausgebaute Landstraßen tragen uns unaufgeregt weiter nach Süden, der Verkehr hält sich in angenehmen Grenzen und dem entspannten Cruisen wird ausgesprochen wenig Widerstand entgegengesetzt. Das Land ist weit und flach, und vor allem grün. Hinter Gevenich bekommt die Gegend so etwas wie Konturen, der Ackerbau wird jetzt auch durch kleine Waldabschnitte unterbrochen.

Bei Körrenzig begegnen wir der Rur, die wir später noch einmal treffen. Auf dem Weg nach Randerath freuen wir uns dann über die eine oder andere Kurve. Die Straße verwöhnt aber überwiegend mit anderen Qualitäten, z.B. mit sehr ordentlichem Belag und wenig Geschwindigkeitsbegrenzungen. Auf dem Weg nach Ueckerath werden wir großformatig gewarnt: vor einem 5-prozentigen Gefälle! Wer in der Eifel oder im Bergischen Land unterwegs ist, wird 5% als relativ eben empfinden, hier im Flach-

Energie in Hülle und Fülle: Neben der Braunkohle gibt es hier Wind (kann man Strom draus machen) und Raps (kann man Diesel draus machen).

land wird diese Straßenneigung schon fast als Sensation verkauft. Wir tragens mit Humor, und auch die beiden 90-Grad-Kurven dürften wohl niemanden ernsthaft ins Schleudern bringen.

Die darauf folgende, breit ausgebaute B 221 ist ein ziemlich uninteressantes Stück Straße mit einem einzigen Höhepunkt: der Kurve an ihrem Ende. Anschließend streifen wir ein Stück von Heinsberg, überqueren die Wurm und sagen der Rur kurz „Hallo!", bevor wir uns dann durch Wassenberg quälen.

Auf dem dann folgenden Wegstück ahnen wir, dass sich wieder Großes vor unseren Augen verbirgt. Und richtig: Versteckt hinter Baum und Buschwerk hat sich hier Siemens eine gigantische Modelleisenbahn gebaut. Wir sehen leider nix – und üben uns im Kreisverkehrfahren, drei Stück in Folge verdanken wir der riesigen Siemens-Anlage.

Die nächsten Kirchtürme auf unserer Tour gehören Arsbeck und Merbeck. Die Wegstrecke bis zum ersten ist relativ uninteressant, hinter Arsbeck geht es dann wieder auf kleiner, feiner Nebenstraße weiter. Während wir bei Niederkrüchten fast die Niederlande streifen, staunen wir über den Einfallsreich-

Siemens Prüfcenter

Fast 30 Kilometer Gleise hat Siemens zwischen Wassenberg und Wegberg als gigantische Modelleisenbahnanlage in die Landschaft gesetzt. Zu Testzwecken. Das Prüfcenter Wegberg-Wildenrath ist das weltweit modernste seiner Art. Hier testet nicht nur Siemens seine Produkte, hier fahren auch Züge anderer Hersteller, bevor sie in China, Taipeh oder Bangkok zum Einsatz kommen.

Mühlrather Mühle

Wo die Schwalm den Hariksee verlässt, drehen sich die Mühlräder schon seit mehr als 500 Jahren. Heute ist die älteste Wassermühle des Niederrheins (1447) ein 3-Sterne-Hotel und Ziel vieler Ausflügler, die ihren Sonntagsspaziergang an dem netten See machen.

tum der kleinen Gemeinden, den durchfließenden Verkehr zu beruhigen. Einbauten, Pflasterungen, Verengungen: schon interessant.

Kurz vor Elmpt beschließen wir herauszufinden, woher Schwalmtal seinen Namen hat, und nehmen Kurs Nordost. Bevor wir auf das namengebende Flüsschen stoßen, treffen wir in Heyen auf das „Route 66". Wer möchte, kann das leerstehende Lokal, zuletzt ein „Bikertreff", pachten. Aber Vorsicht: Es scheint hier nicht das optimale Revier für Motorradtreffs zu sein, wie auch das Beispiel Heidehaus zeigt, das 7 Kilometer weiter nördlich langsam von Gras und Buschwerk überwuchert wird.

Richtig anheimelnd dagegen ist es dort, wo die Schwalm auf einem kleinen Zwischenstopp den Hariksee gebildet hat. Das allerdings wissen auch die Scharen von Ausflüglern, die hier spazieren gehen oder sich in einem der benachbarten Ausflugslokale Kaffee und Kuchen schmecken lassen. Frisch gestärkt geht es dann an die letzten 14 Kilometer dieser Tour, die uns noch einige (wenige) Kurven bietet. Bei Hardt schließt sich dann der Kreis und wir machen uns durchaus zufrieden wieder auf den Heimweg.

Richtg.	km	Info
←	0,0	Start an der A 52-Abfahrt Mönchengladbach-Hardt (südl. Anschluss) Richtung *MG-Hardt*
←	0,8	an der Stopstraße geradeaus weiterfahren Richtung *Erkelenz / Rheindahlen*
↑	6,3	an der Ampelkreuzung rechts abbiegen auf die B 57 Richtung *Erkelenz / MG-Wickrath*
●	8,9	*Ellys Bikertreff*
↓	11,2	in Rath-Anhoven am *Car-Depot* links abbiegen in die *Rather Straße*
↓	12,1	am Ende der Rather Straße links abbiegen in die *Buchholzer Straße*
↑	13,2	in Buchholz rechts abbiegen Richtung *Venrath / Herrath*
↑	15,7	rechts abbiegen, Hinweisschild *Autobahn*
↓	17,3	an der Vorfahrtstraße links abbiegen Richtung *Borschemich / Keyenberg*
↑	20,9	in Keyenberg rechts abbiegen Richtung *Holzweiler*
↑	25,1	in Holzweiler der abknickenden Vorfahrt rechts folgen Richtung *Baal / Lövenich*
←	25,9	an der Stopstraße geradeaus weiterfahren Richtung *Baal / Titz*
↓	26,0	links abbiegen Richtung *Titz*
↑	30,2	an der Stopstraße rechts abbiegen Richtung *Linnich / Hottorf*
↙	33,9	in Hottorf halblinks halten Richtung *Linnich*
↑	37,3	hinter Gevenich im Kreisverkehr die erste Ausfahrt nehmen Richtung *Körrenzig*
↓	39,5	in Körrenzig der abknickenden Vorfahrt links folgen (keine Ausschilderung)

Richtg.	km	Info
↙	40,0	links abbiegen auf die B 57 Richtung *Aachen / Linnich*
↑	40,3	unmittelbar nach dem Ortsausgang Körrenzig rechts abbiegen (keine Ausschilderung)
↑	42,0	am Ortseingang Brachelen rechts abbiegen Richtung *Hückelhoven*
↓	42,4	nächste Möglichkeit links abbiegen in die *Südstraße* (keine Ortsausschilderung)
↙	43,0	halblinks in die *Linderner Straße* fahren
↑	45,2	in Lindern an der Stopstraße rechts abbiegen (keinerlei Ausschilderung)
↓	45,7	links abbiegen Richtung *Geilenkirchen / Heinsberg*
↑	46,3	rechts abbiegen Richtung *Heinsberg / Randerath*
↑	49,4	in Randerath rechts halten Richtung *Heinsberg*
↓	49,5	sofort wieder links abbiegen Richtung *Blauenstein / Uetterath*
↙	52,4	in Uetterath halblinks halten Richtung *Geilenkirchen*
↑	54,0	rechts abbiegen auf die B 221 Richtung *Heinsberg*
↑	60,3	am Ende der Straße rechts abbiegen Richtung *Nettetal / Wassenberg*
↑	61,6	an der Ampel rechts abbiegen Richtung *Nettetal / Wassenberg* (B 221)
↑	66,6	in Wassenberg auf der B 221 bleiben und rechts abbiegen Richtung *Nettetal*
↙	68,0	im Kreisverkehr die zweite Ausfahrt nehmen *Richtung Nettetal* (B 221)
↙	68,7	geradeaus über den Kreisverkehr Richtung *Nettetal* (B 221)

Richtg.	km	Info
↑	70,3	im Kreisverkehr die erste Ausfahrt nehmen Richtung *Wegberg*
↓	73,2	am Ende der Straße links abbiegen Richtung *Klinkum / Arsbeck*
↓	75,1	am Ende der Straße links abbiegen Richtung *Arsbeck*
↑	76,4	in Arsbeck an der Ampel rechts abbiegen Richtung *Kleve / Niederkrüchten*
↑	76,7	rechts abbiegen Richtung *Rickelrath / Merbeck*
↓	81,2	in Merbeck links abbiegen Richtung *Niederkrüchten*
↓	84,6	in Niederkrüchten an der Ampel links abbiegen, Ausschilderung: *alle Richtungen*
←	85,2	an der Ampel weiter geradeaus Richtung *Oberkrüchten*
↓	87,7	hinter Boscherhausen links abbiegen auf die Vorfahrtstraße
↑	88,9	hinter dem Aldi-Markt rechts abbiegen Richtung *Viersen-Dülken / Dam*
←	91,1	an der Ampel weiter geradeaus Richtung *Dülken / Schwalmtal*
●	92,5	*Mühlrather Mühle*
↑	97,7	rechts abbiegen Richtung *Wegberg*
←	99,3	an der Stopstraße geradeaus weiter Richtung *Wegberg / Eicken*
↓	100,2	an der Ampelkreuzung in Eicken links abbiegen Richtung *Viersen-Hausen / A 61*
↑	103,8	rechts abbiegen Richtung *Mönchengladbach-Hardt / A 52*
●	105,8	Ankunft am Ausgangpunkt

Treffs in Top-Lage:
Zornige Ameise
Landhaus Fuchs
Schloss Gimborn
Unnenberg
Café Ahr Wind
Café Fahrtwind
Haus Waldfrieden
Gerdas Eifeltreff

Treffs in Top-Laune:
Café Hubraum
Café Schräglage
Biker Ranch (Strauch)
Haus Waldfrieden

Die Komfortabelsten:
Café Schräglage
Café Hubraum
Biker's Ranch (Dattenfeld)
Biker Ranch (Strauch)
Café Fahrtwind
Haus Waldfrieden

Lecker bis sehr lecker:
Café Schräglage
Unnenberg
Landhaus Fuchs
Schloss Gimborn
Biker Ranch (Strauch)
Café Fahrtwind
Haus Waldfrieden

Hier stehen die Bikes:
Café Hubraum
Bevertalsperre
Café Schräglage
Biker's Ranch (Dattenfeld)
Café Fahrtwind

Hier läuft die Show:
Café Hubraum
Bevertalsperre
Bigge Grill
Futterkrippe
Café Fahrtwind

Pause muss sein ...

Die besten Treffs
in der Nähe und unterwegs

Damit punkten die Treffs:

Lage und Umgebung

Liegt der Treff in einer landschaftlich reizvollen Umgebung oder mitten im Industriegebiet? Sind schöne Strecken in der Nähe? Kann man einen Spaziergang unternehmen?

Atmosphäre

Wie sieht's am Treff aus? Liegt er im Grünen oder direkt an der Straße? Ist die Zufahrt in Ordnung, gibt's Schatten? Herrscht gähnende Leere, drangvolle Enge oder passen Treff-Größe und Anzahl der Besucher gut zueinander?

Ausstattung

Haben die Motorräder ein eigenes Areal? Ist der Parkplatz befestigt, gibt's ausreichende und saubere Toiletten? Sind genügend Sitzmöglichkeiten vorhanden? Wie sieht es mit Infos (Schwarze Bretter) aus? Abfallbehälter? Sauberkeit?

Essen & Trinken

Schlangenfraß oder Haute Cuisine? Gibt es eine ordentliche Auswahl, sind die Portionen o.k.? Faire Preise – oder Apotheke? Führt der Service seinen Namen zu Recht?

!! Hier wird unterschiedlich gewertet!! Speiselokale und Restaurants sollten für gleiche Punktzahl schon ein wenig mehr bieten als Treffs mit einem Imbiss-Stand.

Motorraddichte

Stehen hier 5 Maschinen oder 100? Gehen Motorradfahrer im allgemeinen Ausflugsverkehr unter oder spielen sie die Hauptrolle?

Showfaktor

Sehen und gesehen werden! Muss man an diesem Treff halten – oder kann man vorbeifahren? Gibt's Kennerblicke oder Stirnrunzeln? Trifft man hier wirklich interessante Leute?

 Hier nimmt man zum Essen Platz. Was die Küche bietet, steht auf der Speisekarte.

 Hier gibt's was auf die Hand. Selbstbedienung, Angebot siehe Infotafel.

Alles im grünen Bereich?

Ausgezeichnet! So muss es sein!

Sehr gut. Lohnt sich!

Geht in Ordnung. Nix zu meckern.

Man kann's ertragen.

Nicht schön. Hier hapert's eindeutig.

Schäbig, wenig oder ärgerlich. Lohnt nicht!

Bikertreff mit Kneipe und kleinem Biergarten

01

Adresse:
Café Schräglage
Mettmanner Str. 20
40699 Erkrath
Tel: 0211 - 2 10 28 24
www.cafe-schraeglage.de

Öffnungszeiten:
Mo - Fr: 16 - 23 Uhr
Sa: 13 - 23 Uhr
So: 10 - 23 Uhr

Anfahrt:
in Erkrath der Aus-
schilderung „Nean-
dertal" folgen,
ca. 1 km hinter dem
Ortsausgang

Karte:
Seite 27

Lage & Umgebung:

Atmosphäre:

Ausstattung:

Essen & Trinken:

Motorraddichte:

Showfaktor:

Café Schräglage   Erkrath

Der Anspruch von Jörg und seinem Team ist hoch, schließlich sind sie selbst Motorradfahrer und haben schon viele schlechte Treffs gesehen. Also: besser machen! Der relativ neue Treff nahe des Neandertals macht einen aufgeräumten Eindruck, Platznot zwingt die Moppeds in Reih und Glied, will man nicht abseits parken.

Das Café ist natürlich eher eine Kneipe und hat in relativ kurzer Zeit schon etliche Fans gewonnen. So

trifft man sich nicht nur zum Kaffeetrinken vor oder nach einer Sonntagsausfahrt, sondern auch zu den diversen Stammtischen. Viele nette Details sowie etliche schattige bzw. wettergeschützte Plätzchen machen den Aufenthalt angenehm und kurzweilig.

Kulinarisch fängt's im *Café Schräglage* mit Frittenbudenstandards an und hört bei ausgewachsenen Steakgerichten auf. Bemerkenswert: Schnitzel gibt's nicht nur in diversen Geschmacksrichtungen sondern auch in drei Größen – und wer die Überraschung sucht, bestellt den Laverda-Teller. Klingt italienisch und schmeckt auch so.

Nur eins gibt's hier nicht, zumindest nicht legal: Schräglage. In der Kurve vor der Kneipe müsste man dazu mindestens 30 km/h über Erlaubt fahren ...

Café Hubraum   Solingen

Ausflugslokal für Motorradfahrer, Treff und Biergarten

Adresse:
Café Hubraum
Kohlfurther Str. 30
42651 Solingen
Tel: 0212 - 53 08 93
oder 0212 - 2 54 10 51
www.cafehubraum.com

Öffnungszeiten:
Mo - Fr: 16 - 24 Uhr
Sa: 11 - 24 Uhr
So: 10 - 24 Uhr

Anfahrt:
aus Richtung Wuppertal ab Sonnborner Kreuz über die L 74, Ausfahrt Kohlfurth, links halten

Karte:
Seite 27, Seite 102

Lage & Umgebung:

Atmosphäre:

Ausstattung:

Essen & Trinken:

Motorraddichte:

Showfaktor:

Wenn man überhaupt Motorradtreffs ansteuert, dann gehört das *Café Hubraum* zum Pflichtprogramm. Mit gutem Grund: Das *Hubraum* ist in fast allen Belangen ein perfekter Motorradtreff. Schön gelegen, am Ufer der hier noch recht schmalen Wupper, bietet es genug Raum für Treff-Vorlieben fast aller Biker. Hier gibt's das schattige Plätzchen mit Tischen und Bänken, die Stehtische für die Tasse Kaffee und den gepflegten Plausch, im Biergarten Selbstbedienung, zivile Preise und das ein oder andere rustikale Stück Fleisch vom Grill.

Und die Moppeds werden auch immer schön ordentlich vorgefahren. Wer vorne an den Stehtischen lauert, vergibt Wertungsnoten. Während der Saison gibt es manche Veranstaltung rund ums Mopped – nicht selten sind Firmen zu Gast, die den beliebten Treff für diverse Aktionen nutzen.

Das *Hubraum* hat eine fast 80-jährige Tradition als Auto-Rast und sagt seit 1993 konsequent „Ja" zum motorisierten Zweirad. Auf der Website www.cafehubraum.com erfährt man mehr über den Laden und das Angebot. Ein perfekter Treff also? Nicht ganz, denn die schönen Strecken beginnen leider nicht direkt vor der Tür. Und außerdem gibt es rund ums *Hubraum* zahlreiche Tempolimits, die bisweilen scharf überwacht werden.

**Motorrad-
treff an der
Staumauer**

04

Adresse:
Bevertalsperre
42499 Hückeswagen

Zeiten:
jeden Nachmittag,
am Wochenende
ganztägig

Anfahrt:
in Hückeswagen von
der B 483 abbiegen,
der Ausschilderung
zur Bevertalsperre
folgen

Karte:
Seite 102

Lage & Umgebung:

Atmosphäre:

Ausstattung:

Essen & Trinken:

Motorraddichte:

Showfaktor:

Bevertalsperre   Hückeswagen

Eine Straße mit einem schmalen Seitenstreifen, zwei Verkaufswagen und sonst nix. Das ist der überaus populäre Treff an der Staumauer der Bevertalsperre. Sein großes Plus ist die Lage im feinsten Motorrad-Ausflugsgebiet. Ansonsten hatten wir 2004 viel zu kritisieren an diesem Treff.

Inzwischen sieht es etwas besser aus. Die rollenden Versorgungseinrichtungen haben ihr Angebot ein wenig erweitert. Eine Motorradfahrer-Initiative kümmert sich um Bänke, damit die Leitplanken als Sitzmöbel etwas entlastet werden. Trotzdem gilt: Wer zur Staumauer fährt, will in erster Linie sehen und gesehen werden. Komfort? Uninteressant!

Zornige Ameise Hückeswagen

Wer die Bevertalsperre nebst Umgebung reizvoll findet, dem Treff an der Staumauer aber nichts abgewinnen kann, für den gibt es in unmittelbarer Nachbarschaft eine Alternative. Auf dem Weg zur Staumauer zweigt links eine kleine Straße zur *Zornigen Ameise* ab, die inmitten eines kleinen Wäldchens unmittelbar am Wasser liegt. Wer sich dort am Ufer des Sees niederlassen will, muss sich vorübergehend von seinem Motorrad trennen. Die Bikes stehen nämlich außer Sichtweite von der Terrasse auf Parkplätzen, die nur Motorrädern vorbehalten sind. Trotzdem: Kleine Einfahrten und eine nicht unerhebliche Geländeneigung verlangen Fingerspitzengefühl und Gleichgewichtssinn.

In der rustikalen *Ameise* gab es drei Jahre lang ein recht ordentliches gastronomisches Angebot – seit 2006 regiert aber wieder wie in früheren Jahren die Pommesbude mit Selbstbedienung. Schade. Sehr schade. Bleibt also nur das Pfund mit der tollen Aussicht. Aber damit kann die *Ameise* wirklich wuchern.

Von der Terrasse genießt man einen herrlichen Blick über den See. Und auf dem kleinen Strand kann man bei schönem Wetter Urlaubsgefühle hegen.

Ausflugslokal mit See-Terrasse

05

Adresse:
Zornige Ameise
Großberghausen 2
42499 Hückeswagen
Tel: 02192 - 42 86
www.zornige-ameise.de

Öffnungszeiten:
in der Saison tägl.
ca. 10 - 22 Uhr

Anfahrt:
in Hückeswagen von der B 483 abbiegen, der Ausschilderung zur Bevertalsperre folgen, vor der Sperrmauer links abbiegen

Karte:
Seite 102

Lage & Umgebung:

Atmosphäre:

Ausstattung:

Essen & Trinken:

Motorraddichte:

Showfaktor:

Restaurant, Café und Hotel

06

Adresse:
Landhaus Fuchs
Unterbersten 27
51515 Kürten
Tel: 02268 - 72 86
www.landhaus-fuchs.com

Öffnungszeiten:
täglich ab 14 Uhr
Sa ab 11 Uhr
So ab 10 Uhr

Anfahrt:
in Kürten abbiegen
in die Olpener Stra-
ße, in Olpe Richtung
Unterbersten (Loh-
feld)

Karte:
Seite 17, Seite 33,
Seite 102, Seite 114

Lage & Umgebung:

Atmosphäre:

Ausstattung:

Essen & Trinken:

Motorraddichte:

Showfaktor:

Landhaus Fuchs   Kürten

Obwohl das *Landhaus Fuchs* ziemlich in der Pampa liegt und keine „richtige" Adresse hat (die Häuser in Unterbersten sind einfach durchnummeriert), kann man es eigentlich nicht verfehlen. Ortsfremde hängen sich irgendwo im Umkreis von zehn Kilometern an ein x-beliebiges Motorrad und werden in der Regel zielsicher zum richtigen Gasthaus geführt.

Aus Motorradfahrersicht wurde das *Landhaus Fuchs* im letzten Jahr verschlimmbessert. Die eher rustikalen Parkplätze, auf die es an den Wochenenden Motorradfahrer zu Hunderten zog, sind zum Teil ordentlich gepflasterten und asphaltierten Flächen gewichen. Klar, so mögen es vor allem die Autofahrer, die den Betreibern des Landhauses offenbar eine sehr liebe Kundschaft sind.

Nichtsdestotrotz kann man vor dem alten Fachwerk nach wie vor recht gemütlich sitzen, und wer ausreichend Geduld mitbringt, lässt sich von den Café-Standards oder der sehr ordentlichen Landhausküche kulinarisch verwöhnen. Sofern er einen Sitzplatz ergattert hat, denn an schönen Wochenenden platzt der Landhaus-Biergarten aus allen Nähten.

Schloss Gimborn *Marienheide*

Restaurant, Hotel und Café

07

Adresse:
Schlosshotel Preuß
Schlossstraße 15
51709 Marienheide
Tel.: 02264 - 85 01
www.schlosshotel-
gimborn.de

Öffnungszeiten:
Mo, Di: 10 - 19 Uhr
Mi - So: 10 - 22 Uhr

Anfahrt:
in Marienheide Rich-
tung Lindlar fahren,
nach ca. 6 km rechts
abbiegen, Ausschil-
derung „Gimborn"
folgen

Karte:
Seite 102, Seite 103

Lage & Umgebung:

Atmosphäre:

Ausstattung:

Essen & Trinken:

Motorraddichte:

Showfaktor:

Nein, *Schloss Gimborn* ist definitiv kein Motorradtreff. Aber man trifft hier immer Motorradfahrer. Schließlich liegt das Schlösschen direkt an einer ganz kleinen, aber überaus feinen Strecke. Die Zweirad fahrenden Besucher treibt es allerdings nicht aufs Schloss, denn dort ist ein internationales Bildungszentrum der Polizei untergebracht.

Man sitzt vis-à-vis des imposanten Kastens in der Gastronomie des Schlosshotels Preuß. Das aber wesentlich zwangloser, als der Name vermuten lässt. Schließlich ist Gimborn ein beliebtes Ausflugsziel nicht nur für Motorradfahrer sondern auch für Spaziergänger, Wanderer und Fahrradfahrer.

Wer draußen vor der Gaststätte allerdings keinen freien Tisch mehr sieht, sollte nicht verzweifeln: Hinterm Haus gibt es nämlich noch einen Garten mit netten Freiluftplätzen.

Futtern kann man im Schlosshotel auch ganz nett – von gutbürgerlich bis etwas feiner. Und zum Kaffee? Wer sonntags auf die frischen Waffeln verzichtet, ist selber schuld.

**Ausflugs-
gaststätte
mit Biergar-
ten
08**

Adresse:
Turmgaststätte
Unnenberger Straße
51709 Marienheide
Tel: 02261 - 2 15 44
www.turmgaststaette-
unnenberg.de

Öffnungszeiten:
täglich 11 - 23 Uhr
So ab 10 Uhr
Di Ruhetag

Anfahrt:
in Lantenbach an der
Aggertalsperre auf
die „Breite Straße"
Richtung Gummers-
bach, rechts abbie-
gen Richtung Dan-
nenberg, Beschilde-
rung folgen

Karte:
Seite 103

Lage & Umgebung:

Atmosphäre:

Ausstattung:

Essen & Trinken:

Motorraddichte:

Showfaktor:

Unnenberg

Marienheide

Wo hier das Bergische Land am höchsten ist, geht es noch ein Stück weiter hinauf: Auf dem über 500 Meter hohen Unnenberg steht ein 22 Meter hoher Aussichtsturm und gibt bei schönem Wetter einen herrlichen Blick frei, der bis zum Rhein reicht. Wer nicht schwindelfrei ist oder keinen Wert auf die Spitzen des Kölner Doms in der Ferne legt, bleibt einfach unten und setzt sich in bzw. vor die *Turmgaststätte*.

So machen es an sonnigen Tagen ziemlich viele Motorradfahrer, die mitten im schönsten Tour-Gebiet und mitten im dichten Tann hier ein sehr angenehmes Plätzchen finden. Ein fast ebenso schö-

nes Plätzchen genießen die Moppeds, derweil sich die Besatzung wahlweise mit Kaffee und Kuchen stärkt – oder eine herzhaftere Mahlzeit aus der kleinen Karte wählt.

Ganz leicht zu finden ist die *Turmgaststätte* nicht. Wer sich hier weniger gut auskennt, sollte sich auf dem Weg von Lantenbach nach Dannenberg (oder aus der anderen Richtung) an den kleinen Wegweisern zur Gaststätte orientieren.

Bigge Grill

Attendorn

Adresse:
Bigge Grill
Hohen Hagen
57439 Attendorn
Tel: 02722 - 71 80

Öffnungszeiten:
täglich 8 - 19 Uhr

Anfahrt:
am Westufer des Big-
gesees, an der Stra-
ße zwischen Atten-
dorn und Sondern

Karte:
Seite 103

Lage & Umgebung:

Atmosphäre:

Ausstattung:

Essen & Trinken:

Motorraddichte:

Showfaktor:

Wenn man ehrlich ist, dann muss man dem Motorradtreff am *Bigge Grill* leider bescheinigen, dass er
sich von den vielen Uferkilometern des Biggesees
wirklich nicht den schönsten ausgesucht hat. Ein
ungemütlicher Parkplatz direkt neben der Straße gibt zwar den Blick auf den See frei. Der hohe
Zaun verhindert allerdings jeglichen Kontakt mit
dem Wasser.

2004 bemängelten wir die wenigen Sitzplätze, den
fehlenden Schatten und das einsame Dixie-Klo. Unsere Klagen sind nicht ungehört verhallt – inzwischen wurde aufgerüstet: Sitzplätze, Stehtische und
Sonnenschirme beleben den nackten Parkplatz.
Und die Dixie-Unit hat Gesellschaft bekommen.

Nach wie vor erfreut sich der *Bigge Grill* großer
Beliebtheit. Vielleicht ein Verdienst von Helmut
Trapp, der mit seinem Imbiss-Stand den kulinarischen Fast-Food-Horizont erweitert. Wo sonst findet
man an einer Pommesbude ein halbes Dutzend Sa-
lat-Variationen, darunter sogar eine mit Shrimps?!!

Ein weiterer Vorteil des Treffs: Der Biggesee ist zwar
stark frequentiertes Ausflugsrevier, aber schöne
Strecken für Motorräder gibt es ringsum in Hülle
und Fülle. Ein kleiner Dreh am Gasgriff genügt.

**Motorrad-
treff mit
Imbissbude**

10

Adresse:
Futterkrippe
Rathausstraße 17
53809 Ruppichte-
roth-Schönenberg
Tel: 02295 - 15 95

Öffnungszeiten:
Mo - Fr: 8 - 19 Uhr
Sa, So: 9 - 19 Uhr

Anfahrt:
in Schönenberg di-
rekt an der B 478
(Ruppichteroth-Hen-
nef)

Karte:
Seite 42, Seite 115,
Seite 124

Lage & Umgebung:

Atmosphäre:

Ausstattung:

Essen & Trinken:

Motorraddichte:

Showfaktor:

Futterkrippe   Schönenberg

An diesem Treff kann man gar nicht vorbei. Zumindest nicht, wenn man durch Schönenberg fährt. Und das machen Kenner der Gegend häufig, denn rund um Schönenberg kann man vorzüglich Motorrad fahren.

Der Treff liegt direkt an der Mainstreet, und irgend etwas Magisches zwingt Halter nahezu aller Zweiradgattungen, vor der Krippe mal kurz in die Eisen zu gehen. Die Versorgung mit Fetten und Kohlehydraten scheint es jedoch nicht unbedingt zu sein, obwohl der Name dieses vermuten lässt. Kenner der ansässigen Gastronomie lassen es höchstens auf einen Kaffee ankommen. Und auch den gibt es woanders frischer und aromatischer.

Auch wenn bei schönem Wetter der Betrieb recht rege wird, geht es an der *Futterkrippe* fast familiär zu, mit Selbstbedienung, versteht sich. Wer Schatten und eine Rückenlehne sucht, setzt sich in eine der überdachten Sitzgarnituren. Flanieren, Gucken und Fachsimpeln ist aber auch erlaubt.

Biker's Ranch   Dattenfeld

Motorrad-
treff mit
Gastronomie

11

Adresse:
Biker's Ranch
Hochkreuz 1
51570 Windeck-Dat-
tenfeld
Tel: 02292 - 92 11 97

Öffnungszeiten:
Mo - Di: ca. 11 - 18 Uhr
Mi - So: ca. 9 - 18 Uhr

Anfahrt:
in Dattenfeld von der
Hauptstraße in die
Übersetziger Straße
abbiegen, Sieg über-
queren und dann
links halten (Beschil-
derung folgen)

Karte:
Seite 115, Seite 124

Lage & Umgebung:

Atmosphäre:

Ausstattung:

Essen & Trinken:

Motorraddichte:

Showfaktor:

Nur ein kleines Schildchen weist den Weg von der Straße, auf der durch Windeck-Dattenfeld alle fahren müssen, zu dem zahlenmäßig sicherlich beliebtesten Treffpunkt weit und breit. Wer die Ranch kennt oder weiß, dass sie früher *Biker's Rast* hieß, quert kundig die Sieg und kraxelt zügig den Berg hoch.

Der Platz oben an der Ranch ist nicht ganz so lauschig wie von unten vermutet – aber trotzdem alles andere als ungemütlich. Wenn's voll wird, braucht man für den Service schon ein wenig Geduld. Und wenn die Sonne scheint, die nötige Hitzeresistenz.

Vertreten sind hier so ziemlich alle Moppedfraktionen, obwohl die etwas sportlicheren Motorräder ein leichtes Übergewicht haben. Die etwas Relaxteren lassen sich an den Tischen irgend etwas von der kompakten Karte schmecken. Die Unruhigen streifen auf den unbefestigten Parkflächen zwischen den Maschinen hin und her.

Die steile Zufahrt mit dem 90-Grad-Winkel ist inzwischen entschärft und der berüchtigte Motor-abwürg-Umfaller wird nur noch selten gezeigt.

Restaurant und Bistro

12

Adresse:
RoadRunner's
BikeWorld
Gottlieb-Daimler-Str.
53520 Meuspath
Tel: 02691 - 93 86 0

Öffnungszeiten:
Mo - Fr: 10 - 20 Uhr
Sa, So: 9 - 19 Uhr
(nur in der Saison)

Anfahrt:
von der B 258 etwa
2,5 km nordwestlich
des Nürburgrings in
das Gewerbegebiet
bei Meuspath fahren

Karte:
Seite 159

Lage & Umgebung:

Atmosphäre:

Ausstattung:

Essen & Trinken:

Motorraddichte:

Showfaktor:

Roadrunner's   Nürburgring

Keine Frage: Hier wurde ordentlich Geld verbaut. Direkt neben dem Nürburgring haben sich nicht nur Edelmarken wie „Jaguar" angesiedelt – auch die Motorräder dürfen glänzen. In der „Bikeworld" stehen BMW und Ducati einträchtig nebeneinander, und auch Suzuki und KTM müssen nicht draußen bleiben.

Neben den Showrooms hat's auch einen Gastronomiebetrieb, der ähnlich edel glänzt wie die Bikeworld und ziemlich weit von dem auf Moppedtreffs üblichen rustikalen Charme entfernt ist. So treffen sich im *Roadrunner's* nicht nur Motorradfahrer, sondern auch die Beschäftigten der umliegenden Firmen auf ein zweites Frühstück, ein Mittagsessen oder einen Kaffee. Apropos zweites Frühstück: Wer das möchte, sollte pünktlich sein, denn das gibt es nur bis 11.30 Uhr. Wehe, man wagt es, dieses erst um 11.45 zu bestellen!

Lederkombis neben Krawatten, Preise auf gehobenem Ring-Niveau, lange Wartezeiten, Lifestyle-Bistro-Atmosphäre statt Mopped-Feeling: Wer so etwas mag, wird im *Roadrunner's* richtig auf Betriebstemperaturen kommen.

Ahr Wind Ahrbrück

Das *Café-Bistro Ahr Wind* war früher mal das *Café Fahrtwind*. Zwölf Jahre lang war es DER Motorradfahrertreffpunkt an der Ahr. Dann wurde der Pachtvertrag nicht verlängert und der Eigentümer des Hauses versuchte es selber als Kneipier. Strich einfach zwei Buchstaben aus dem Traditionsnamen und dachte, niemand merkt's. Alle merkten es – und zogen mit dem original Fahrtwind-Team einen Ort weiter ins neue Domizil (s. nächste Seite).

Nach dem Desaster ist das *Ahr Wind* seit 2004 in neuen, durchaus liebevolleren Händen. Karte und Preise sind recht o.k., das Personal ist nett, und hinterm Haus sitzt man wieder angenehm beisammen. Dass sich auch der eine oder andere Fahrradfahrer dazu gesellt, stört überhaupt nicht.

Bistro, Café mit Biergarten

Adresse:
Café-Bistro Ahrwind
Hauptstraße 45
53506 Ahrbrück
Tel: 02643 - 90 34 03
www.ahrwind.eu

Öffnungszeiten:
Di - So: 9 - 22 Uhr
Mo: 13 - 22 Uhr

Anfahrt:
in Ahrbrück direkt an der B 257 Richtung Nürburgring

Karte:
Seite 147, Seite 158

Lage & Umgebung:
Atmosphäre:
Ausstattung:
Essen & Trinken:
Motorraddichte:
Showfaktor:

Motorrad-treff mit Café und Kneipe

14

Adresse:
Café Fahrtwind
In den Weidenhecken 34
53506 Hönningen
Tel: 02643 - 60 06
www.cafe-fahrtwind.de

Öffnungszeiten:
Mo - Fr: 12 - ca. 22 Uhr
Sa, So: 9 - ca. 22 Uhr
(im WInter nur an
Wochenenden)

Anfahrt:
B 257 Richtung Nür-
burgring fahren, am
Ortseingang Hönnin-
gen links abbiegen
und parallel zur B 257
wieder ca. 500 m zu-
rückfahren

Karte:
Seite 147, Seite 158

Lage & Umgebung:

Atmosphäre:

Ausstattung:

Essen & Trinken:

Motorraddichte:

Showfaktor:

Café Fahrtwind   Hönningen

Nachdem sie aus ihren alten Räumlichkeiten raus mussten (s. auch vorherige Seite), zogen Mio und Susi von Ahrbrück ein paar Meter weiter nach Hönningen. Okay, die Fertighalle, in der das *Café Fahrtwind* seit Anfang 2003 zu Hause ist, vermittelt von außen den Charme einer, na sagen wir mal: Fertighalle. Drinnen aber ist's richtig gemütlich.

Das Gelände wiederum nicht. Es ist: aufge-räumt. Die Moppeds können fein säuber-lich aufgereiht wer-den, die Fahrer(innen) sitzen unter jungem Grün, oder besser ge-sagt: neben jungem

Grün. Naja, hat auch was: Man hat freie Sicht auf al-les. Und, mal ehrlich: Wenn man gucken will, kann „Ambiente" echt lästig sein ...

Die Speisekarte ist kompakt, aber ausgesprochen themenbezogen: Wer eine Bremsscheibe „Monza" ordert, bekommt seine Pizza Salami extrascharf. Das Fahrerlagerfrühstück macht satt und der Ölpeilstab ist in Wirklichkeit ein schlanker Schokoriegel.

Haus Waldfrieden   Schuld

Motorrad-
treff mit
Gasthaus

Keine Frage: *Haus Waldfrieden* gehört in die Kategorie der Edeltreffs. Aber erstaunlicherweise: Edeltreff
mit Selbstbedienung! Der Parkplatz ist groß, asphal-
tiert und von allen Plätzen gut einsehbar. Entweder
man sitzt mitten zwischen – oder schaut von der
Terrasse aus herunter.

Die Speisekarte bietet ein recht ordentliches Programm, und weil die Zubereitung ein wenig Zeit
in Anspruch nimmt, werden Nummern ausgege-
ben und nach Fertigstellung des Menüs per Laut-
sprecher aufgerufen. Fast so wie im Straßenver-
kehrsamt.

Adresse:
Haus Waldfrieden
Münstereifeler Str. 1
53520 Schuld
Tel: 02695 - 3 86
www.bikertreff-schuld.de

Öffnungszeiten:
Mo - Fr ab 12 Uhr
Sa ab 10 Uhr
So ab 8 Uhr
(„Ruhetag bei Sau-
wetter")

Anfahrt:
von der B 257 Rich-
tung Nürburgring bei
Dümpelfeld rechts
abbiegen Richtung
Insul und Schuld, am
Ortsausgang
von Schuld rechts in
die Münstereifeler
Straße fahren

Karte:
Seite 147, Seite 158

Das *Haus Waldfrieden* liegt strategisch ausgesprochen günstig: In alle drei Richtungen fährt man auf
beliebten Straßen weiter durch schönes Motorradre-
vier. Was offenbar bei unseren holländischen Brü-
dern und Schwestern sehr beliebt ist. Und wenn die
winzigen gelben Kenn-
zeichen vor dem *Wald-
frieden* mal wieder ın der
Mehrzahl sind, bleibt
uns nur der neiderfüllte
Blick angesichts unserer
behördlich verordneten
Kuchenbleche.

Lage & Umgebung:

Atmosphäre:

Ausstattung:

Essen & Trinken:

Motorraddichte:

Showfaktor:

Motorradfah-
rer-Kneipe

16

Adresse:
Biker's Inn
Einruhrer Straße 23
53937 Schleiden-
Morsbach
Tel: 02444 - 91 23 25
www.bikers-inn.com

Öffnungszeiten:
(März bis November)
Mi, Do, Fr: ab 14 Uhr
Sa: ab 11 Uhr
So: ab 8 Uhr

Anfahrt:
direkt an der B 266
von Gemünd nach
Simmerath, Ortsein-
gang Morsbach

Karte:
Seite 137

Lage & Umgebung:

Atmosphäre:

Ausstattung:

Essen & Trinken:

Motorraddichte:

Showfaktor:

Biker's Inn   Morsbach

Draußen grüßt eine merkwürdige Figur vom rosti-
gen Moped und drinnen gibt's immer ein paar flotte
Sprüche: Im *Biker's Inn* sitzt man selten ganz ruhig
vor seiner Tasse Kaffee. Der Laden liegt in Morsbach
– und damit ziemlich weit draußen in der Pampa.
Hierhin verschlägt es einen selten aus Zufall, das
Biker's Inn hat einfach seine Fans. Und die kommen
oft von ganz weit her.

Das kulinarische Angebot kann wohl nicht aus-
schlaggebend dafür sein, zumal es sich wirklich
nur auf einige Basics beschränkt. (Wer ordentlich
was essen möchte, sollte sich vorher anmelden!)
Als Ausgleich dafür gibt's einen kleinen Klamotten-
Flohmarkt und viele gute Tipps für Ausflüge in die
nahe und ferne Umgebung.

Gerdas Eifeltreff Heimbach

Der *Eifeltreff* verbirgt sich hinter Grün und ist von der Straße aus kaum zu sehen. Also: Auf das kleine Schild achten, das hinunter in Gerdas Reich weist. Die Moppeds parken links und rechts trinkt man seinen Kaffee oder futtert einen der reichhaltigen Imbissbudenstandards.

Damit die Wartezeiten auch bei regem Betrieb nicht ganz so lange ausfallen, packt die ganze Familie Kranz mit an.

Ebenso wie bei der Zusammenstellung der Imbisskarte hat Gerda auch bei der Ausgestaltung des Treffs zweckmäßige Sachlichkeit walten lassen. Al-

les ist reduziert und ziemlich übersichtlich. Aber warum auch viel Ablenkung? Die Straßen rings um diesen Treff oberhalb des Rursees beanspruchen Aufmerksamkeit genug.

Da der ganze Treff ein ordentliches Gefälle hat, empfiehlt es sich, bergan zu parken oder das Motorrad zu wenden und dann erst abzustellen. Wer's vergisst, muss bei der Abfahrt sein Mopped rückwärts und bergan aus der Reihe ziehen. Weniger cool ...

Motorradtreff mit Schnellimbiss

Adresse:
Gerdas Eifeltreff
Schwammenauel 4
52396 Heimbach
Tel: 0171 - 2 80 34 73
www.gerdas-eifeltreff.de

Öffnungszeiten:
Mo - Fr: 9.30 - 20 Uhr
Sa, So: ab 8 Uhr

Anfahrt:
in Heimbach zunächst Richtung Schmidt und Simmerath, am Kreisverkehr Richtung Gemünd, nach ca. 2 km auf der linken Seite

Karte:
Seite 137, Seite 146

Lage & Umgebung:

Atmosphäre:

Ausstattung:

Essen & Trinken:

Motorraddichte:

Showfaktor:

Gaststätte, Motorradtreff

18

Adresse:
Biker Ranch
Monschauer Str. 68
52152 Simmerath-
Strauch
Tel: 02473 - 931 99 41
www.biker-ranch.net

Öffnungszeiten:
Di - Fr: ab 12 Uhr
Sa: ab 9 Uhr
So: ab 8 Uhr
(bei gutem Wetter
auch Mo geöffnet)

Anfahrt:
auf der B 266 von
Lammersdorf Richtung Rursee fahren,
Biker Ranch liegt direkt am Ortseingang
Strauch

Karte:
Seite 137

Lage & Umgebung:

Atmosphäre:

Ausstattung:

Essen & Trinken:

Motorraddichte:

Showfaktor:

Biker Ranch
Strauch

Draußen stehen zwar Kunststoff-Stühle, aber drinnen ist alles aus Holz. Stilechte Ranch also. Denn bei der Ponderosa wurden ja auch keine Steine verbaut. Auf dem Weg von Westen aus runter zum Rursee liegt die *Biker Ranch* nahe Simmerath-City. Ben Cartwright sitzt zwar nicht auf der Veranda, wenn die Jungs auf die Ranch geritten kommen – dafür gestaltet die Chefin die Bedienung ausgesprochen charmant, und auch Hop Sing (pardon!) in der Küche legt sich ordentlich ins Zeug.

Wer möchte, kann in der Ranch viel mehr Geld lassen als nur für einen Kaffee oder ein schmackhaftes Gericht: Zur Gaststube gehört nämlich noch ein ausgewachsener Shop mit Bekleidung und Ausrüstung namhafter Hersteller.

Elly's Bikertreff   Rheindahlen

19 Motorrad-treff, Kneipe und Biergar-ten

Adresse:
Elly's Bikertreff
Schriefersmühle 25
41179 M. Gladbach
Tel: 02161 - 4 67 71 37

Öffnungszeiten:
Mi - Mo: 9 - 23 Uhr
Di Ruhetag

Anfahrt:
direkt an der B 57
zwischen Rheindah-len und Rath-An-hoven

Karte:
Seite 61

Lage & Umgebung:

Atmosphäre:

Ausstattung:

Essen & Trinken:

Motorraddichte:

Showfaktor:

Elly? Ist das nicht die Holländerin, die über Jahre im Heidekrug ...? Richtig, das ist sie – und nachdem der Heidekrug ein trauriges Ende gefunden hatte, dachte sich Elly: Probier's doch einfach selber mal.

Gesagt, getan. Seit Anfang 2004 gibt es hier an der B 57 bei Rheindahlen kein Asia-Food mehr, sondern handfesten Imbiss und natürlich das Frühstücks-büffet am Sonntagvormittag. Das Lokal gehört zu einer alten, denkmalgeschützten Mühle, die aber im gesamten Bild eher eine untergeordnete Rolle spielt.

Auch die Moppeds müssen draußen bleiben – aber in der Mauer des Biergartens gibt's Fensteröffnungen, so dass man die Fahrzeuge halbwegs im Blick hat. Meist sind es Cruiser und Chopper, die hier vor der Tur stehen, ein verkleidetes Nippon- oder Italo-Bike ist hier eher selten anzutreffen.

Was die Speisekarte bietet, ist lecker. Auch wenn es nicht so klingt. Um „Kuhfladen" oder „Pferdeäppel" zu bestellen, braucht es schon einen ganz speziellen Humor. Holländischen vielleicht.

Tagestouren
in die Nachbarschaft

Bergisches Land   Sauerland   Westerwald   Eifel

Etwas Sauerland muss sein

Typ:	lebhafte Runde mit vielen Talsperren und Motorradtreffs
Geeignet für:	Tourer, Sportler, Cruiser
Länge:	ca. 152 km oder ca. 210 km ab Solingen
Sightseeing:	wenig
Kurven:	sehr ordentlich
Motorrad-Dichte:	abschnittsweise hoch
Kombinationen:	Tour 1 (S. 10), Tour 2 (S. 18), Tour 3 (S. 28), Tour 8 (S. 104)

Das Café Hubraum liegt zwar nicht direkt an der Strecke, aber man kann sich dort gut zu einer gemeinsamen Tour treffen. Nach Süden raus heißt es zunächst mal 5 Kilometer über die autobahnähnliche L 74 Richtung Remscheid fahren. Die Wupper ist unsere Begleiterin, und wir würden ihr am liebsten weiter Richtung Süden folgen, unter der Müngstener Brücke hindurch, runter bis nach Burg. Ist aber verboten, und dehalb schlagen wir einen Haken über Solingen. Stimmen uns mit alpinen Kehren auf Kommendes ein und tauchen auf kürzestem Weg durch die Ausläufer der Stadt.

In Burg stoßen wir wieder auf die Wupper und fahren längs der vielen, nur über kleine Brücken zu erreichenden Häuser durchs bewaldete Tal. Bei Ehringhausen klettern wir auf menschenleerer Straße dann den Berg rauf. Wir genießen das beschwingte Fahren nebst netten Ausblicken und nehmen erschrocken zur Kenntnis, dass hier offenbar *Heintjes Hammer* hängen soll. Bei Preyersmühle schwenken wir kurz auf belebteren Asphalt, dann signalisiert linker Hand wieder ein kleines Sträßchen: „Befahr mich! Du sollst es nicht bereuen!"

Und die Straße hält Wort. Ein Stück weit, jedenfalls, dann streifen wir das Stadtgebiet von Wermelskirchen. Bald fahren wir aber wieder durch sparsamer bebautes Grün. Wenn sich die Straße dann auch noch von ihrer kurvigen Seite zeigt, sind wir geneigt, ihr den drittklassigen Belag zu verzeihen.

Motorradtreffs auf dieser Tour

 Café Hubraum (Solingen)

 Bevertalsperre (Hückeswagen)

 Zornige Ameise (Hückeswagen)

 Unnenberg (Marienheide)

 Bigge Grill (Hückeswagen)

 Schloß Gimborn (Marienheide)

Rund um die Bevertalsperre: Straßen mit Suchtfaktor 10. Wir sind aber nicht die einzigen, die sich hier ihre Dosis holen wollen.

Vor Hückeswagen wählen wir wieder eine Nebenstrecke und schaffen es fast, uns im Süden an der Stadt vorbei zu mogeln. Hinein in ein Tal, das abrupt vor einer begrünten Wand endet. Auf der anderen Seite dieser Wand schwappt Wasser, und das nicht zu knapp. Das Ganze nennt sich Bevertalsperre.

Die scheint irgendwie eine besondere Anziehungskraft auf Motorradfahrer zu haben. Gleich zwei Treffs in unmittelbarer Nachbarschaft – und dann auch noch diese Straße: Ein anregendes Asphaltband, aufs Feinste in eine Landschaft gegossen, die mit einem abwechslungsreichen Mix aus Wiesen, Weiden und Wäldern das Herz erfreut. Kurven, Steigungen und Gefälle zum Satt-Fahren: Mehr als 20 Kilometer Motorrad-Genuss nicht geschnitten, sondern am Stück. Suchtfaktor 10!

Am eigentlichen Kierspe vorbei nehmen wir einen Weg durch ein Gewerbegebiet und tauchen unmittelbar danach wieder in das Vergnügen der kleinen, feinen Straßen. Die führen uns über Holzwipper und Dannenberg bis zur Aggertalsperre. Möglichkeiten zur Rast gibt es auch hier, und wer keinen Seeblick braucht zum Glücklichsein, findet den Unnenberg und seine Turmgaststätte in unmittelbarer Nähe.

An diesem Punkt der Tour sollten wir uns die Frage stellen: Machen wir uns jetzt auf den genussvollen Heimweg? Oder brauchen wir noch zwei weitere Talsperren und mindestens 120 Bonus-Kurven? Wer

Applaus-kurven

Bei Altenberg geht es mit einigen Spitz-kehren runter zum Märchenwald – und bei Blecher ebenso schön wieder hoch. Vor allem letztere gelten als Parade- und Applauskurven. Mit Publikum, also ordentliche Haltung in den Kurven, sonst gibt's Abzüge in der Stilwertung. Wer seine B-Note optimieren möchte, wartet, bis die Serpentinen einen Moment autofrei sind, denn Überholen ist nicht. Jedenfalls nicht legal.

sich für ersteres entscheidet, nimmt in Lantenbach Kurs Gummersbach via Frömmersbach. Die anderen machen sich auf zur Listertalsperre.

Nach der etwas verwirrenden Dorf-Durchfahrt von Lieberhausen werden die kleinen Straßen bald breiter und entgegenkommende Motorradfahrer wollen gegrüßt werden. Das Handheben entfällt dann wieder ab Lüdespert: Wir sind fast alleine im Revier, es lebe die Nebenstraße!

Ohne dass wir es gemerkt haben, hat uns das Bergische Land ans Sauerland übergeben. Wir stellen fest: Auch hier kann man ganz prima Motorrad fahren. Die Listertalsperre, an der wir dann ein paar Kilometer langfahren, wird plötzlich zum Biggesee, über dessen Brücke wir auf den Bogen heimwärts einschwenken. Vielleicht noch ein kleiner Boxenstopp am Biggegrill, dem zentralen Moppedtreff in dieser Gegend? Längs des Biggesees, den wir eine Weile Richtung Süden begleiten, sind die Straßen deutlich besser. Aber mit Tempolimit, versteht sich. Wer noch Anregungen für die Gestaltung seiner Modelleisenbahnanlage sucht, bekommt hier Anschauungsmaterial im Maßstab 1:1 – schöne Trassen- und Brückenideen!

Zwischendurch führt diese Tour auch über kleine Straßen. Wirklich KLEINE Straßen.

Kein Scherz: Diese Ampel gibt's wirklich, ein paar Kilometer hinter Lieberhausen. Ob die Kühe einen Knopf drücken müssen, wenn sie die Straße überqueren wollen ...?

Nach der Abkehr vom Wasser geht es ein Stück über die B 55, bevor wir uns rechtzeitig vor Drolshagen wieder in die Büsche schlagen. Schmale Straße – breites Grinsen: Fein, dass nicht viele auf die Idee kommen, hier lang zu fahren. Okay, der Straßenbelag ist nicht ganz in Bestform, aber sonst? Selbst die Ortsnamen sind unterhaltsam: Wie wär's mit „Husten"? Oder wenigstens mit „Halbhusten"?

Bevor wir es vergessen: Wald. Wald gehört auch irgendwie zum Sauerland. Richtig – und so bekommen wir auch noch ein Stückchen davon, bevor wir wieder ins Bergische gleiten. Bergneustadt saugt uns ein, schickt uns abschließend steil nach oben und spuckt uns direkt vor der Aggertalsperre aus. Wir atmen durch und cruisen beschwingt entlang des Wassers, bis wieder der Berg ruft.

In Lantenbach warten diejenigen auf uns, die eine 56-Kilometer-Abkürzung genommen haben, und gemeinsam geht's weiter Richtung Gummersbach, das sich ganz schön ausgebreitet hat. Also kurzer Ortskontakt, aber spätestens ab Himmerkusen bessert sich das Bild und der Bewegungsraum „Straße". Ein Stück des Wegs gesellt sich die Leppe zu uns, bevor wir Kurs aufs Schloss Gimborn nehmen, das bei einigen Kennern des Motorradreviers ein höchst willkommener Boxenstopp ist. Die Beliebtheit teilt sich Gimborn mit der dann folgenden Strecke durch

Müngstener Brücke ❶

Schon imposant, dieser mehr als 100 Jahre alte Eisenkoloss, dessen Konstruktion an Eiffels Turm in Paris erinnert. Der berühmte Baumeister hatte aber nichts mit der Brücke zwischen Solingen und Remscheid zu tun. Geplant und gebaut wurde die mehr als 100 m hohe Konstruktion von der Firma MAN für den damals enormen Preis von umgerechnet 1,3 Mio. EUR. Auch heute rattern noch Züge drüber.

stimmungsvolle Wäldchen, Haarnadelkurven, Wiesen und Felder.

Ortsdurchfahrten wie Bengelshagen entlocken uns ein Schmunzeln, und dann fordern wieder anspruchsvolle Kurvenkombinationen unsere ungeteilte Aufmerksamkeit. Vor allem, wenn man in den dunklen Tann taucht, sollte man sich respektvoll nur auf sein Sichtfeld verlassen. Hinter Abstoss wird's dann übersichtlicher und ab Jörgensmühle kann man zwischendurch mal gut am Kabel ziehen.

Kürten tut nicht wirklich weh und dann dürfen wir noch mal auf schmaler Piste Spaß haben, fast bis Bechen. Dort schließen wir uns vorübergehend einer größeren Straße an, bis sich dann wieder ein Fluchtweg nach rechts öffnet. Blecher und Burscheid bremsen noch einmal den zügigen Fluss, aber irgendwann ist auch damit Schluss und es darf wieder gefahren werden. Zwar nicht off limits – aber man kann sich auch über 70 freuen. Vor allem, wenn man gerade aus Burscheid kommt.

Solingen ist nicht mehr weit – und wie schon beim Hinweg wählen wir eine Strecke, die das Stadtgebiet nur streift. Bald fahren wir ein zweites Mal durch die schönen Kurven, die wir auf dem Hinweg schon genossen haben. Noch'n Kaffee im Hubraum? Klar doch!

Richtg.	km	Info
←	0,0	Start am *Café Hubraum*, Solingen-Kohlfurth
↑	0,3	rechts abbiegen zur Auffahrt auf die L 74 Richtung *Remscheid / Müngstener Brücke*
↑	4,5	am Ende der L 74 rechts abbiegen auf die *B 229* Richtung *Solingen*
↓	7,7	links abbiegen Richtung *Solingen-Burg / A 1*
↓	12,1	an der Stopstraße links abbiegen Richtung *Remscheid*
↑	14,5	rechts abbiegen Richtung *Wermelskirchen*
↑	18,4	in Preyersmühle rechts abbiegen Richtung *Wermelskirchen*
↙	18,7	halblinks abbiegen in die Straße *Preyersmühle* (keine Orts-Ausschilderung)
↑	20,3	am Ende der Straße rechts abbiegen Richtung *Wermelskirchen*
↓	22,7	in Wermelskirchen links abbiegen auf die *B 51* Richtung *Wuppertal / A 1*
↑	24,3	rechts abbiegen Richtung *Buchholzen*
↑	27,3	am Ende der Straße rechts abbiegen (keine Ausschilderung)
↓	27,7	links abbiegen Richtung *Hückeswagen*
↖	29,7	in Scheideweg halbrechts halten Richtung *Hückeswagen*
↗	30,7	rechts abbiegen Richtung *Altenholte*

Richtg.	km	Info
↓	34,2	links abbiegen auf die *B 237* Richtung *Remscheid*
↑	34,7	rechts abbiegen Richtung *Egen / Bevertalsperre*
●	36,7	Motorradtreff *Bevertalsperre*
●		hier links: Abstecher zum Motorradtreff *Zornige Ameise* (ca. 1,5 km)
←	36,7	geradeaus weiter Richtung *Egen*
↗	38,4	scharf rechts Richtung *Schwenke / Wipperfürth*
↓	38,7	links abbiegen Richtung *Schwenke*
↑	44,9	in Hohenplanken rechts abbiegen Richtung *Anschlag*
↓	48,7	in Anschlag links abbiegen Richtung *Meinerzhagen / Halver*
↑	49,0	rechts abbiegen Richtung *Mühlen-Schmidthausen*
↓	50,6	der abknickenden Vorfahrt links Richtung *Kierspe* folgen
←	57,8	in Kierspe geradeaus weiterfahren auf der Straße *Padberg* später *Padbergstraße*
↑	59,2	am Ende der Straße rechts abbiegen auf die *B 237* (Kölner Straße, keine Ausschilderung)
↘	60,0	scharf links abbiegen Richtung *Wilbringhausen*
←	64,4	in Holzwipper geradeaus über die Vorfahrtsstraße fahren

Richtg.	km	Info
↑	65,6	in Börlinghausen rechts abbiegen Richtung *Dannenberg*
↑	65,6	die Bahngleise überqueren und sofort wieder rechts abbiegen
↓	65,7	links in die Straße *Zum Hahn* fahren
↑	65,8	an der Vorfahrtsstraße rechts abbiegen (keine Ausschilderung)
↓	67,6	am Ortseingang Dannenberg links abbiegen (keine Ausschilderung)
↰	67,7	halbrechts halten (keine Ausschilderung)
↙	67,9	halblinks halten Richtung *Unnenberg*
●	69,3	Abstecher zur *Turmgaststätte Unnenberg*: hier halbrechts abbiegen (ca. 1 km)
↙	69,3	halblinks halten
←	71,0	durch Unnenberg immer der Durchgangsstraße folgen
↓	72,1	in Lantenbach links abbiegen Richtung *Meinerzhagen*
		kurze Variante:
↑	72,1	in Lantenbach rechts abbiegen Richtung Gummersbach **(weiter bei Kilometer 131,3 auf Seite 99)**
↑	75,1	rechts abbiegen Richtung *Niederrengse*

Richtg.	km	Info
↙	76,2	in Lieberhausen halblinks halten Richtung *Wörde / Oberrengse*
↗	76,4	halbrechts halten Richtung Wörde (keine Ausschilderung)
↓	77,7	links abbiegen Richtung *Meinerzhagen / Wegeringhausen / Piene*
↗	79,5	in Piene scharf rechts abbiegen Richtung *Lüdespert*
←	81,1	die B 54 überqueren und geradeaus weiterfahren Richtung *Krummenerl*
↑	84,7	hinter Krummenerl rechts abbiegen Richtung *Hunswinkel / Attendorn*
↖	87,7	in Hunswinkel halbrechts Richtung *Attendorn / Listertalsperre*
↑	94,4	rechts abbiegen auf die Brücke über den Biggesee Richtung *Olpe*
●	95,5	Motorradtreff *Biggegrill*
↑	101,3	rechts abbiegen auf die *B 54* Richtung *Bergneustadt / Meinerzhagen / A 45*
↓	104,4	links abbiegen Richtung *Iseringhausen / Eckenhagen*
↓	105,4	in Berlinghausen der abknickenden Vorfahrt links folgen
↑	105,6	rechts abbiegen Richtung *Eckenhagen / Iseringhausen*
←	108,9	durch Iseringhausen der Durchgangsstraße folgen
↑	113,1	in Tillkausen rechts abbiegen Richtung *Eckenhagen*

Richtg.	km	Info
↑	117,1	in Eckenhagen am Ende der Straße rechts abbiegen (keine Ausschilderung)
↑	117,3	rechts abbiegen Richtung *Bergneustadt / Belmicke*
↓	120,2	am Ende der Straße links abbiegen Richtung *Bergneustadt*
←	123,7	in Bergneustadt geradeaus über den Kreisverkehr Richtung *Zentrum*
←	124,3	die B 55 überqueren und weiter geradeaus Richtung *Hackenberg / Aggertalsperre*
↗	126,7	halbrechts Richtung *Meinerzhagen* und über die Staumauer der Aggertalsperre fahren
↓	127,8	in einer Rechtskurve links abbiegen in den *Talsperrenweg*
↗	128,4	in Lantenbach zunächst halbrechts halten (keine Ausschilderung)
↓	128,9	links abbiegen Richtung *Gummersbach*
		Fortsetzung kurze Variante: Kilometerangaben in Klammern)
↑	131,3	**(75,1)** in Gummersbach-Becke rechts abbiegen Richtung *Remscheid / Marienheide*
↓	135,5	**(79,3)** links abbiegen auf die *B 256* Richtung *Gummersbach / Kotthausen*
↑	136,9	**(80,8)** an der Ampel in Kotthausen rechts abbiegen Richtung *Himmerkusen*
↓	139,4	**(83,2)** in Himmerkusen links abbiegen Richtung *Engelskirchen / Kaiserau*
↑	143,0	**(86,9)** rechts abbiegen Richtung *Gimborn*

Richtg.	km	Info
↙	144,0	(87,9) am *Schloss Gimborn* halblinks halten
↙	150,2	(94,0) in Dohrgaul halblinks auf die Vorfahrtstraße
←	150,7	(94,5) hinter Dohrgaul weiter geradeaus Richtung *Grüneberg / Agathaberg*
↓	153,6	(97,4) am Ende der Straße links Richtung *Untereschbach / Lindlar*
↑	154,2	(98,0) rechts abbiegen Richtung *Jörgensmühle / Abstoß*
↓	159,3	(103,1) am Ende der Straße links abbiegen Richtung *Kürten / Jörgensmühle*
←	166,3	(110,1) in Kürten geradeaus weiterfahren Richtung *Köln*
↗	167,2	(111,0) in Waldmühle scharf rechts abbiegen Richtung *Altensaal / Hachenberg*
↓	170,2	(114,0) am Ende der Straße links abbiegen Richtung *Köln / Bergisch Gladbach*
↑	171,7	(115,6) in Bechen rechts abbiegen Richtung *Burscheid / Altenberg*
↗	174,6	(118,5) in Neschen halbrechts halten Richtung *Burscheid*
↓	178,6	(122,5) in Altenberg links abbiegen Richtung *Burscheid*
↑	179,2	(123,0) rechts abbiegen Richtung *Burscheid / Blecher*
←	181,0	(124,9) in Blecher an der Ampel geradeaus Richtung *Burscheid*
↑	182,0	(125,8) rechts abbiegen auf die B 51 Richtung *Wermelskirchen / Hilgen*

Richtg.	km	Info
↓	182,8	(126,6) links abbiegen Richtung *Oberlandscheid / Drauberg*
↑	184,4	(128,3) in Burscheid an der Stopstraße rechts abbiegen (keine Ausschilderung)
↓	184,6	(128,5) an der Ampel links abbiegen auf die *B 232* Richtung *Leverkusen / Opladen*
↑	187,6	(131,5) rechts abbiegen Richtung *Witzhelden / Grünscheid*
↑	189,5	(133,3) rechts abbiegen Richtung *Hilgen / Witzhelden*
↓	190,1	(134,0) in Metzholz links abbiegen Richtung *Unterbüscherhof / Herscheid*
↑	191,3	(135,1) rechts abbiegen Richtung *Solingen / Wuppertal*
↓	192,6	(136,4) in Herscheid links abbiegen Richtung *Solingen / Witzhelden*
↑	198,3	(142,1) in Solingen an der Stopstraße rechts abbiegen Richtung *Zentrum*
↑	198,5	(142,3) an der Ampelkreuzung rechts abbiegen Richtung *Remscheid*
←	199,9	(143,7) an der Ampelkreuzung geradeaus Richtung *Remscheid*
↑	200,5	(144,3) an der Kirche rechts abbiegen auf die *B 229* Richtung *Remscheid*
↓	201,1	(145,0) an der Ampelkreuzung links abbiegen Richtung *Remscheid / Müngstener Brücke*
↓	204,2	(148,1) links abbiegen Richtung *Wuppertal*
↑	208,3	(152,2) rechts ausfahren Richtung *Solingen-Kohlfurth*
●	208,8	(152,7) Ankunft *Café Hubraum*

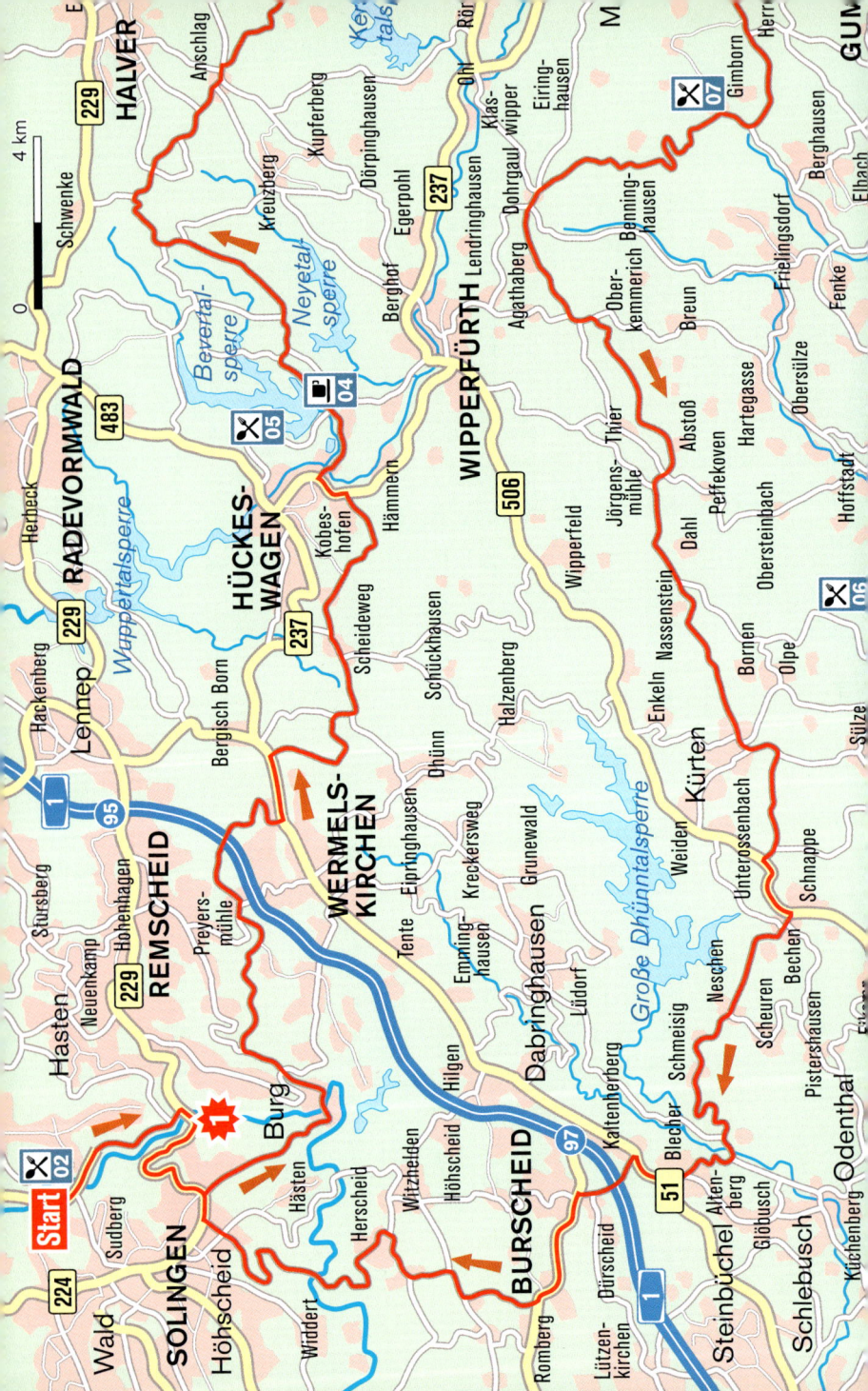

Im Land der 1000 Kräder

Typ:	Mix aus beliebten Strecken und kleinen Nebenstraßen
Geeignet für:	Sportler, Tourer
Kurs:	ca. 174 km ab Landhaus Fuchs (nahe Bergisch Gladbach)
Sightseeing:	wenig
Kurven:	sehr abwechslungsreich
Motorrad-Dichte:	abschnittsweise sehr hoch
Kombinationen:	Tour 1 (S. 10), Tour 3 (S. 28), Tour 4 (S. 38), Tour 7 (S. 90), Tour 9 (S. 116)
Besonderes:	kurzer Abschnitt ist sonn- und feiertags gesperrt

Wer zum Ausgangspunkt dieser Tour, dem Landhaus Fuchs, kommt, hat schon eine Ahnung von den kleinen Sträßchen bekommen, die überall im Bergischen Land maximalen Fahrspaß versprechen. Das gilt natürlich auch für diese Tour mit ihrem Mix aus bekannten Paradestrecken und vielen unbekannten Wegen bergauf und bergab. Klein und fein geht es schon auf den ersten Kilometern los. Nach Norden raus stoßen wir bald auf ein kleines Flüsschen namens Sülz, das sich ein nettes Tal geschaffen hat. Irgend ein Straßenplaner hat dann Jahrtausende später ein Asphaltband hineingelegt, und wir haben gegen diese anregende Kombination absolut nichts einzuwenden. Zwischen Stüttem und Hartegasse geht es sogar noch komfortabler voran, nur

Motorradtreffs auf dieser Tour

 Landhaus Fuchs (Kürten)

 Biker's Ranch (Dattenfeld)

 Futterkrippe (Schönenberg)

Perfektes Ambiente: spannende Kurven und lauschige Plätzchen.

„Schladern-ring"

Für Motorräder sonn- und feiertags 8 - 22 Uhr gesperrt

schade, dass wir nicht auf der ganzen Tour so unbehelligt fahren können.

Ab Kaiserau schließen wir uns dann der Leppe an, in deren Begleitung wir fast bis nach Engelskirchen runterfahren. Dort wollen aber noch andere Verkehrsteilnehmer hin, und auch die nahe Auffahrt zur A 4 zieht magisch Verkehr an. Aber wenn wir den Autobahnzubringer hinter uns gelassen haben, wird es schlagartig leerer auf den Straßen und der Fahrspaß ist sofort wieder da.

Die B 56 schont uns mit milden, aber keineswegs unangenehmen Kurven, und wir dürfen bis Drabenderhöhe zügig unterwegs sein. Hinter dem Ort gibt die Natur wieder den Blick frei auf eine fein geschwungene weite Landschaft, durch die sich die Straße in weiten Radien schwingt. Hier lässt es sich recht flott unterwegs sein, und große fahrerische Anforderungen werden auf den nächsten acht Kilometern nicht an uns gestellt. Hinter Röttgen verkleinern wir nach einem linken Haken die Piste, biegen uns noch ein paar Kurven vor die Reifen und streifen die Zivilisation höchstens in Form einiger Nieder-, Ober- oder Mitteldörfer. Die Straße wird unterwegs noch kleiner – und es macht eine ziemliche Lust, durchs Grüne zu rollen.

Von Grötzenberg nach Denklingen müsste es eine direkte Verbindung geben. Nichts tut uns aber den Gefallen, und so müssen wir wohl oder übel Kon-

Was wie eine Rennstrecke klingt, ist natürlich keine, und ein Ring ist es ebenso wenig. Für etliche Motorradfahrer ist das Straßendreieck zwischen Waldbröl, Schladern und Ruppichteroth aber offenbar Nürburgring-Ersatz. Mit gelegentlichen fatalen Folgen, denn der „Schladernring" hat keine Auslaufzonen und Kiesbetten. Dafür aber Gegenverkehr und Abbieger, also Autofahrer, die beileibe nicht der Auffassung sind, auf einer Rennstrecke zu fahren. Grund genug für die Behörden, einen Teil des „Rings" für Motorradfahrer an Sonn- und Feiertagen dicht zu machen. Wer werktags unterwegs ist, darf sich aber auf 7 herrliche und legale Kurvenkilometer freuen. Noch.

**Morsbach:
eine Gemeinde
will nicht mehr**

Einst war Morsbach ein Luftkurort, aber Anfang der 1980er Jahre beschlossen die Bürger, diesen Titel zurückzugeben und stattdessen Industrie und Gewerbe in die Stadt zu holen. Damit's endlich bergauf geht mit Morsbach. Ob es das getan hat, können wir auf die Schnelle nicht nachprüfen, der Kreis klagt jedenfalls über zunehmende Arbeitslosigkeit. Vielleicht doch keine so gute Idee mit dem Industrie- und Gewerbekurort.

takt zu Waldbröl aufnehmen. Das macht nicht wirklich Spaß, aber wir streifen glücklicherweise nur die Randbezirke. Der Weg nach Denklingen führt über die vielbefahrene B 256, der wir dann aber ohne Trauer bald Adieu sagen. Wir landen auf einem Streckenabschnitt, der (gut ausgebaut) einer etwas forscheren Gangart nicht im Wege steht. Hinter Wildbergerhütte entern wir dann Rheinland-Pfälzischen Boden, ein Schild heißt uns Willkommen, ein weiteres warnt vor 10 kurvigen Kilometern. Danke, Nachbarn!

Durch lichten Tann windet sich eine schöne Kurvenstrecke, und wir mitten drauf. Was will man mehr? Dass die Landschaft ringsum nicht mit Reizen geizt, versteht sich von selbst. Und so ist es auch nicht verwunderlich, dass sich vor einigen hundert Jahren hier schon der Adel ein ganz prächtiges Häuschen gebaut hat: Schloss Krottorf nämlich. Anheimelnd geht's weiter: Wir gleiten durch Alleen, fahren an Pferdekoppeln vorbei und werden aus unseren Fahrträumen erst geweckt, wenn die Straße schlechter wird.

Die Ortsdurchfahrt von Morsbach gestaltet sich halbwegs zügig. Gut, denn mit optischen Reizen wartet die Stadt kaum auf. Aber spätestens ab Volpershausen verschwenden wir keinen Gedanken mehr daran, denn wir tauchen wieder in feinstes Moppedrevier ein. Die Kurven kommen in schnel-

ler Folge und der Spaßfaktor steigt im Minutentakt. Bis Erblingen haben wir 150 Höhenmeter zugelegt und dem inneren Kompass das Einnorden schwer gemacht. Legen wir mal eine Pause ein. Nein, nicht absteigen, sondern nur etwas gerader rollen lassen. Zwischen verschlafenen Dörfchen hindurch, auf kleinen Nebenstrecken, bis wir südlich von Waldbröl wieder auf richtige Straßen treffen.

Und wenn du oben stehst, ist nur noch der Himmel über dir. Eine sehr beruhigende Vorstellung.

Wenn wir nicht gerade an einem Sonn- oder Feiertag unterwegs sind, fädeln wir uns auf die B 256 und genießen die kommenden Kilometer, die gemeinhin auch unter dem Begriff „Schladern-Ring" bekannt sind. Sind wir während der Sperrstunden unterwegs, gibt's für uns (zur Zeit noch) eine 3-Kilometer-Umleitung für den schönsten Streckenteil. Allerdings: Auch die Umleitung ist keine richtig schlechte Straße. In Schladern treffen wir auf die Sieg, die uns den Weg nach Dattenfeld weist, einer beliebten Zwischenstation mit einem bekannten Motorradtreff. Wer 100 Motorräder oder mehr braucht, um sich heimisch zu fühlen, steuert die Biker's Ranch an. Das urige Burg Café mit dem Charme früherer Jahre gibt es leider nicht mehr.

Nach dem Zwischenstopp folgen wir noch bis Wilberhofen der Sieg und nehmen dann Kurs auf Ruppichteroth. Auf diesem Streckenstück versprechen Warnschilder die Fortsetzung des Kurvenvergnü-

Begegnung von Rössern: Landwirtschaft spielt auch auf dieser Tour eine tragende Nebenrolle.

gens – aber da war wohl mehr der Wunsch Vater des Gedankens. Und überhaupt, wir sind ja vom „Schladernring" etwas verwöhnt worden. Trotzdem, die Strecke ist keineswegs schlecht, nicht zuletzt ein Verdienst der nach wie vor schönen Landschaft.

Ruppichteroth lassen wir schnell hinter uns, schwenken bei Bröleck längs der Bröl und lassen die Hauptverkehrswege wieder hinter uns. Bis Wohlfahrth bringt uns eine unspektakuläre, aber nette kleine Straße durch relative Einsamkeit, die letzten Kilometer bis Much vertrauen wir uns dann einem ausgewachseneren Asphaltband an. Die Kurven sind eher „Milde Sorte" und die fahrerischen Anforderungen bleiben gering. Auf den letzten Metern vor Much werden die Radien enger – aber Kurvenspaß lässt sich mit den amtlich verordneten 50 km/h nur erahnen.

Hinter Much nehmen wir dann wieder Fahrt auf. Kleine Städtchen säumen unseren Weg, der über wenig befahrene Nebenstraßen dem groben Kurs Marialinden folgt, um dann im weiteren Verlauf bei Vilkerath die Agger zu kreuzen. Richtung Norden geht es weiter auf schmalen Straßen durch breite Landschaft.

Mit einem Mix aus Spitzkehren, unaufgeregter Überlandfahrt und scharfen Winkeln zwischen Weiden und Feldern kommen wir dann via Hommerich und Reudenbach zum Landhaus Fuchs zurück.

Richtg.	km	Info
↑	0,0	Start vom Parkplatz am *Landhaus Fuchs*, rechts Richtung *Wipperfürth / Junkersmühle*
↑	3,6	am Ende der Straße rechts abbiegen Richtung *Wipperfürth*
↑	5,4	rechts abbiegen Richtung *Wipperfürth*
↑	8,0	hinter Jörgensmühle rechts abbiegen Richtung *Lindlar / Abstoß*
↙	8,3	an der Weggabelung halblinks Richtung *Abstoß*
↘	13,2	rechts abbiegen Richtung *Untereschbach / Lindlar / Hartegasse*
↓	18,3	vor Ortseinfahrt Hartegasse links abbiegen Richtung *Gummersbach / Frielingsdorf / A 4*
↑	21,2	in Frielingsdorf an der Stopstraße rechts ab Richtung *Engelskirchen / Kaiserau / A 4*
↑	22,7	rechts abbiegen Richtung *Gummersbach / Engelskirchen*
↑	25,0	rechts abbiegen Richtung *Köln / Engelskirchen / A 4*
←	27,2	geradeaus fahren Richtung *Drabenderhöhe / Ründeroth*
↑	32,9	rechts abbiegen Richtung *Siegburg / Nümbrecht*
↑	33,1	rechts abbiegen auf die B 56 Richtung *Siegburg / Nümbrecht*
↓	36,6	in Drabenderhöhe links abbiegen Richtung *Nümbrecht / Wiehl*

Richtg.	km	Info
←	37,1	geradeaus über den Kreisverkehr Richtung *Nümbrecht / Wiehl*
↑	40,7	an der Stoppstraße rechts abbiegen Richtung *Bröleck / A 3*
↓	46,3	in Buchhausen links abbiegen Richtung *Waldbröl*
↓	50,9	links abbiegen Richtung *Waldbröl / Wiehl / A 4*
↗	51,1	halbrechts halten Richtung *Waldbröl / Nümbrecht*
←	52,6	an der Kreuzung geradeaus weiterfahren Richtung *Waldbröl / Wirtenbach*
↗	54,1	an der Vorfahrtstraße halbrechts halten Richtung *Waldbröl / Wirtenbach*
↙	55,3	in Wirtenbach halblinks abbiegen Richtung *Drinsahl*
↗ / ↙	56,8	in Drinsahl zunächst halbrechts halten, danach halblinks (keinerlei Ausschilderung)
↓	57,3	am Ortsausgang von Drinsahl links abbiegen Richtung *Grötzenberg*
↑	57,6	an der Vorfahrtstraße rechts abbiegen Richtung *Grötzenberg*
↑	58,2	in Grötzenberg an der Stopstraße rechts abbiegen Richtung *Waldbröl / Bröl*
↓	62,5	im Kreisverkehr die dritte Ausfahrt nehmen Richtung *Gummersbach / Wiehl (B 256)*
←	63,5	geradeaus über den Kreisverkehr weiter Richtung *Gummersbach / Wiehl*

Richtg.	km	Info
↑	**66,8**	in Denklingen rechts abbiegen auf die *Poststraße* (keine Ortsausschilderung)
↑	**67,8**	rechts abbiegen Richtung *Gummersbach / Wiehl / Morsbach / Erdingen*
↑	**68,0**	Rampe hochfahren und rechts abbiegen Richtung *Morsbach / Erdingen*
↓	**71,2**	an der Stopstraße links abbiegen Richtung *Olpe / Rothemühle*
↑	**76,3**	in Wildbergerhütte rechts abbiegen Richtung *Friesenhagen / Wildberg*
↖	**82,6**	halbrechts halten Richtung *Wissen / Morsbach*
↑	**97,2**	rechts abbiegen Richtung *Waldbröl / Holpe*
←	**99,1**	weiter geradeaus Richtung *Erblingen / Holpe*
↓	**104,3**	ca. 1,5 km hinter Erblingen links abbiegen (keinerlei Ausschilderung!)
←	**105,2**	in Heide an der Stopstraße weiter geradeaus Richtung *Hufen*
↓	**105,7**	in Hufen links abbiegen (Kreuzung, keinerlei Ausschilderung)
↑	**106,7**	an der Bushaltestelle *„Wilhelmsmühle"* rechts abbiegen (keine Ausschilderung)
↓	**108,7**	durch Baumen und Herfen fahren und am Ende der Straße links abbiegen auf die *B 256* (keinerlei Ausschilderung)

Richtg.	km	Info
←	109,0	„Schladernring" *(Teilsperrung für Motorräder an Sonn- und Feiertagen, ggf. der Umleitung folgen!)*
↑	116,5	rechts abbiegen Richtung *Bonn / Schladern*
↑	121,5	in Dattenfeld rechts abbiegen Richtung *Hennef*
●	121,6	*Biker's Ranch* (Abstecher, hier links abbiegen, Beschilderung folgen, ca. 700 m)
↑	123,2	rechts abbiegen Richtung *Ruppichteroth*
↖	129,4	halbrechts halten Richtung *Ruppichteroth*
↓	129,9	in Ruppichteroth im Kreisverkehr dritte Ausfahrt nehmen, *B 478* Richtung *Bonn / Hennef*
●	134,0	Motorradtreff *Futterkrippe*
↑	136,4	in Bröleck rechts abbiegen Richtung *Wohlfahrt / Birrenbachshöhe*
↑	141,3	in Wohlfahrt an der Stopstraße rechts abbiegen Richtung *Gummersbach / Much*
↓	144,1	der abknickenden Vorfahrt links folgen Richtung *Much*
←	146,0	geradeaus über den Kreisverkehr Richtung *Gerlinghausen*
↑	150,6	hinter Gerlinghausen am Ende der Straße rechts abbiegen (keinerlei Ausschilderung)

Richtg.	km	Info
↓	**152,7**	am Ende der Straße links abbiegen Richtung Overath / Marialinden
↗	**153,3**	in _orkenhöhe halbrechts abbiegen Richtung Vilkerath
←	**157,8**	in Vilkerath an der Ampel weiter geradeaus Richtung Lindlar / Hohkeppel
↑	**160,1**	in Hohkeppel rechts abbiegen Richtung Lindlar
↓	**160,3**	der Vorfahrtstraße links folgen
←	**162,2**	in Vellingen an der Stopstraße weiter geradeaus Richtung Linde / Waldbruch
↗	**163,7**	halbrechts abbiegen Richtung Lindlar / Kemmerich / Linde
↓	**163,8**	sofort wieder links abbiegen Richtung Linde
↓	**165,7**	links abbiegen Richtung Untereschbach / Hommerich
↑	**168,7**	rechts abbiegen Richtung Untereschbach / Eichhof / Kürten
↑	**170,5**	rechts abbiegen Richtung Kürten-Olpe / Linde
↗	**171,1**	scharf rechts abbiegen Richtung Linde
↓	**172,1**	in Reudenbach links abbiegen Richtung Haasbach / Unterbersten
●	**173,5**	Ankunft am Ausgangspunkt Landhaus Fuchs

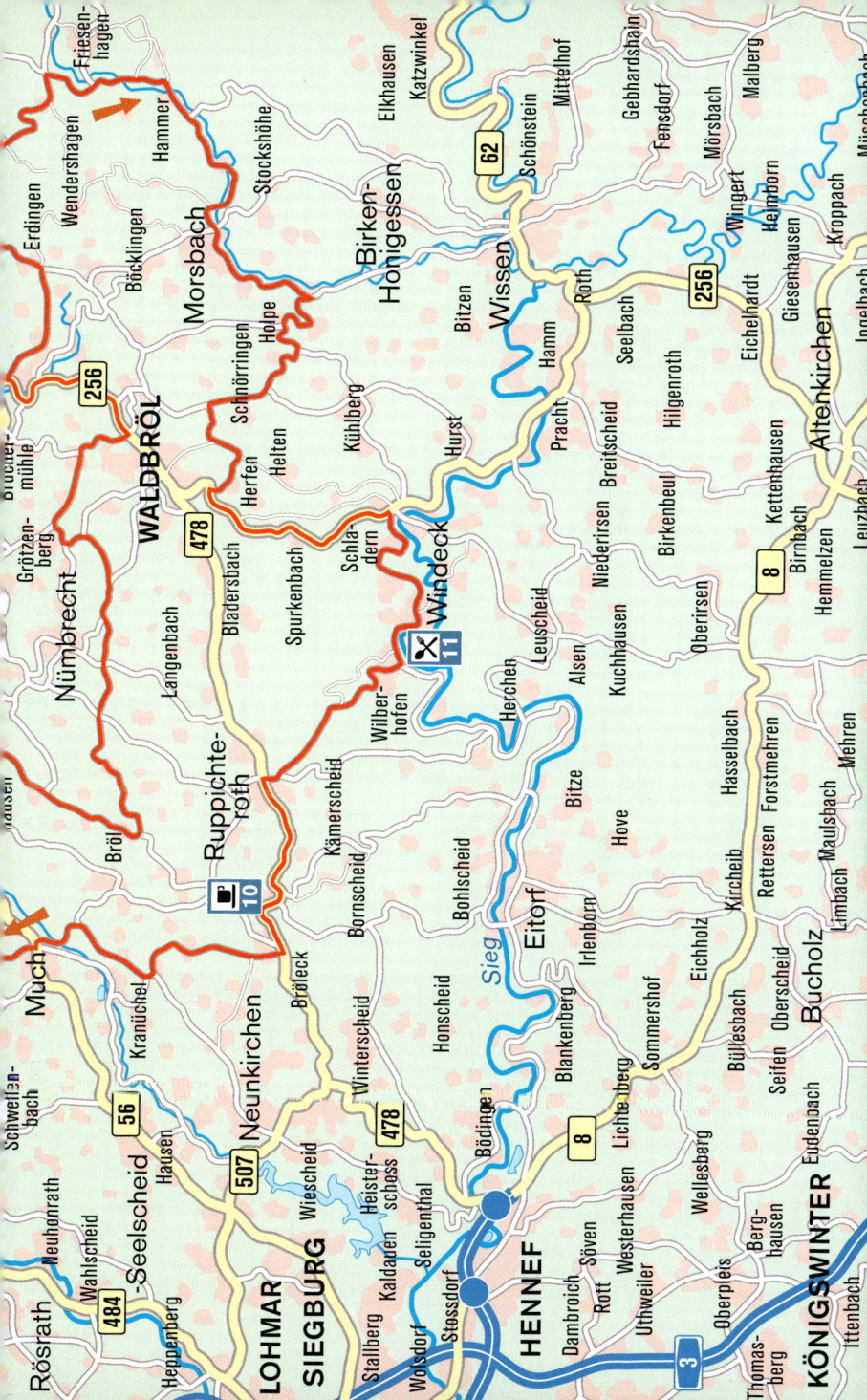

Eukalyptusbäume?

Typ:	sehr abwechslungsreiche Tour über viele Nebenstrecken
Geeignet für:	Tourer, Sportler
Länge:	ca. 188 km ab Hennef
Sightseeing:	wenig
Kurven:	alle Varianten von Highspeed bis Haarnadel
Motorrad-Dichte:	überwiegend gering
Kombinationen:	Tour 4 (S. 38), Tour 8 (S. 104)

Wenn man im Bergischen Land oder im Westerwald dem Lauf der Flüsse folgt, kann man wenig verkehrt machen. Zum einen haben sich die munteren Gewässer ausgesprochen schöne Täler geschaffen, zum anderen fließen sie alles andere als geradeaus. Und wenn die Straßen den Flüssen folgen, ergibt das Kurven satt. Was schon mal die halbe Miete ist. Die andere Hälfte holen wir uns auf den benachbarten Bergen und Hügelketten. Also, los geht's in Hennef, wo wir uns dem Lauf der Bröl anschließen, flussaufwärts, versteht sich.

Unten in den Tälern ist nicht nur die Sieg unsere Begleiterin. Und oben auf den Höhen blicken wir übers Bergische und den Westerwald.

Schöne langgezogene Kurven lassen gleich die ersten Kilometer zu einem Vergnügen werden, einzig der Autoverkehr auf der B 478 kann gelegentlich unseren zügigen Fahrfluss ein wenig einbremsen. Wald und Wiesen wechseln in lockerer Folge, die Bröl bleibt fast immer in Sichtweite und bietet manch sehr schönen Anblick.

Bei Bröleck verabschieden wir uns von unserer plätschernden Begleiterin und nehmen Kurs auf die Sieg, die sich einige Kilometer weiter südlich durch die Landschaft wälzt. In Schönenberg trennen wir uns dann auch noch von der Bundesstraße und nehmen eine Nebenstrecke, um nach Eitorf zu kommen. Eine gute Wahl, denn auf den folgenden Kilometern geizt die Straße nicht mit Kurven. Und das Schöne daran: Die Strecke eignet sich genauso gut zum gemütlichen Cruisen wie zum herzhaften Kurvenräubern. Die Landschaft ringsum ist ausgesprochen angenehm anzuschauen, aber die Hauptdarstellerin dieses anregenden Szenarios ist eindeutig die Straße. Wohlan!

Nach einigen kurzweiligen Bergauf-Bergab-Kilometern ist die Sieg in Sicht, allerdings nur kurz, denn wir schenken uns ihre Schleife bei Stromberg und nehmen die Berg-Route rüber nach Herchen. Oben, auf dem Bergrücken, genießen wir die feine Aussicht übers Land. Wieder unten könnten wir uns ab Herchen der Sieg anschließen. Als wir 2004 diese Strecke fahren wollten, zwang uns eine Großbaustelle zu einem Zehn-Kilometer-Umweg. Diese Umleitung gefiel uns aber so gut, dass sie getrost als Tourbestandteil auch in dieser zweiten, überarbeiteten Ausgabe bleiben kann, die Sieg werden wir schließlich noch ein paar Mal wiedertreffen.

Motorradtreffs auf dieser Tour

 Futterkrippe (Schönenberg)

 Biker's Ranch (Dattenfeld)

117

Also wieder rauf auf den Berg und den Wald genießen, bis wir bei Wilbershofen nach zwei herrlich gezogenen 180-Grad-Kurven wieder auf die Sieg treffen. Die Ortsdurchfahrt von Dattenfeld kann man sich mit einem Besuch der Biker's Ranch ein wenig verschönern. Anschließend geht es über Windeck weiter nach Schladern, wo eine ganz feine Motorradstrecke beginnt, die bis nach Waldbröl hochführt und bei Kennern unter dem Begriff „Schladernring" hohe Zuneigung genießt (siehe auch Seite 105).

In Rosbach heißt es, Abschied von der Sieg zu nehmen – aber keine Angst, wir werden uns bald wiedertreffen. Jetzt geht es über Hurst zunächst mal ein paar hundert Meter ordentlich bergan, und oben auf dem Bergkamm folgt eine Kombination aus tollen Kurven, Straßenschäden und möglichem Wildwechsel. Mit erhöhter Aufmerksamkeit geht es also bis zum nächsten größeren Ort, der auf der linken Straßenseite Kohlberg und auf der rechten Überholz heißt. Wir entscheiden uns für Überholz und landen auf ganz kleinen Sträßchen, die uns mit einem höchst abwechslungsreichen Kontrastprogramm bis nach Holpe leiten.

Hinter Holpe wird's dann noch kurviger, knackige Kehren mit komfortablen bis anspruchsvollen Radien wollen mit Freude aber auch mit Umsicht genommen werden. Bis Volpershausen haben wir das Vergnügen, dann beruhigt sich die Straße für einige Kilometer. Das Asphaltband zieht sich gerade und man darf unlimitiert drüberbügeln.

Die Ortsdurchfahrt von Wissen lässt sich recht zügig bewerkstelligen, wir werden dreimal über die Sieg gebrückt und dann queren wir einen kleinen Nebenfluss namens Nister. Auch die Nister schlängelt sich wie ihre großen Schwestern aufs Feinste durch die Landschaft – allein, es gibt hier keine freigegebene Straße längs ihres Laufs. Wir weichen auf die Kurvenstrecke über Roth aus und nehmen danach auf der B 256 zügig Kurs auf den Westerwald. Bei Eichelhard verlassen wir die Bundesstraße und genießen bald darauf einen schönen Fernblick. Die

Unterwegs gibt es auch einige schlechte Straßen. Wirklich SCHLECHTE Straßen.

Straße bräuchte derweil dringend mehr Aufmerksamkeit seitens der Straßenbaubehörden. Irgendwie scheinen die es aber auch gemerkt zu haben, was man an dem Warnschild „Straßenschäden" erkennen kann. Das aber kommt eindeutig 3 Kilometer zu spät.

Nachdem wir die B 414 gequert haben, tauchen wir in den Westerwald ein, der zunächst mal kein richtiger Wald ist. Und Eukalyptusbäume hat er schon gar nicht. Aber schön ist es hier trotzdem, vor allem, wen man ein ums andere Mal von ansehnlichen Panoramen verwöhnt wird. Während wir uns langsam fragen, ob es im Westerwald keine Kurven gibt, erreichen wir den Ort mit dem schönen Namen Puderbach. Und ab hier bekommt der Kompass wieder einiges zu tun.

Auf kurviger Strecke schwingen wir nach Döttesfeld, wo wir dann der Wied auf ihrem Weg nach Westen folgen. Aber: So schön die Kurven und das landschaftliche Drumherum, so schlecht ist die Straße. Rheinland-Pfalz, durch das wir schon seit einer geraumen Weile kurven, verwöhnt weder seine Bürger noch seine Gäste. Erst kurz vor Neustadt/Wied öffnet sich das Tal und die Straße legt drei Qualitätsstufen zu.

Hinter Neuwied dann wieder ein ähnliches Bild: Fluss, Landschaft, Kurven – alles stimmt. Nur die Straße wechselt minütlich ihren Belag. Ewig hält

> Aber die meisten Straßen sind gut. Wirklich GUT!

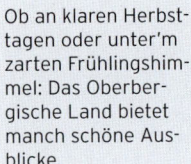

Ob an klaren Herbsttagen oder unter'm zarten Frühlingshimmel: Das Oberbergische Land bietet manch schöne Ausblicke.

Rheinland-Pfalz dieses Spiel aber nicht durch – und wenn die Straße dann merklich besser wird, darf man auch mal ungestraft am Kabel ziehen.

In Rossbach trennen wir uns von der Wied und nehmen Kurs auf Linz. Auf dem Weg dorthin machen wir 250 Höhenmeter, lassen alle landschaftlichen Facetten noch mal im Zeitraffer an uns vorüberziehen, fahren wieder 250 Höhenmeter runter und schlagen kurz vor Linz einen Haken nach Norden. Bis Kalenborn erfreut dann ein schöner Mix aus Kurven und Serpentinen das Fahrerherz – nur der Straßenbelag … Aber das kennen wir ja bereits.

Auf dem Weg zur A 3 wird die Piste schlagartig besser, „Willkommen in Nordrhein-Westfalen"! Okay, dafür müssen wir vorübergehend auf richtige Kurven verzichten. Und auch der zügige Fahrfluss gerät ein wenig ins Stocken, deutlich mehr Verkehr und manche Tempolimits sorgen dafür. In Buchholz verabschieden wir uns vom Westerwald und fahren mit den Ausläufern des Siebengebirges zur Linken wieder Richtung Sieg.

Hinter Uckerath verwöhnt die Strecke noch mal mit der einen oder anderen Kurve. In Bach erreichen wir dann die Sieg und schwingen durch ihr Tal Richtung Hennef. Nachdem wir die Flussseite gewechselt haben, geht es am nördlichen Ufer dann noch flotter voran. Und in Hennef lassen wir nach einer schönen Tour die Moppeds ausrollen.

Richtg.	km	Info
←	0,0	Start der Tour an der Autobahnausfahrt Hennef-Ost, auf die *B 478* Richtung *Waldbröl*
↑	15,0	in Schönenberg rechts abbiegen Richtung *Eitorf*
●		**15,2** Abstecher zum Motorradtreff *Futterkrippe:* hier noch 200 m weiter geradeaus
↓	25,2	in Halft hinter einer Brücke links abbiegen in die Straße *Auf dem Wissbonnen*
↑	27,6	am Ende der Straße rechts abbiegen (keine Ausschilderung, Ortseingang Herchen)
↓	27,9	in Herchen am Ende der Straße links abbiegen in die *Siegtalstraße*
↓	28,1	links abbiegen Richtung *Ruppichteroth*
↑	34,0	an einer Waldkreuzung rechts abbiegen (keinerlei Ausschilderung)
↑	35,4	an der Vorfahrtstraße rechts abbiegen (keine Ausschilderung)
↓	39,4	in Wilberhofen links abbiegen Richtung *Dattenfeld*
●	41,0	Abstecher zur *Biker's Ranch:* hier rechts abbiegen, Beschilderung folgen (ca. 600 m)
↓	41,3	der abknickenden Vorfahrt links folgen Richtung *Wissen / Waldbröl*
↑	43,2	der Vorfahrtstraße rechts folgen Richtung *Waldbröl / Schladern*
↑	46,3	an der Stoppstraße rechts abbiegen auf die *B 256* Richtung *Neuwied*
↓	47,8	links abbiegen Richtung *Hurst*
↑	55,1	in Kohlberg rechts abbiegen Richtung *Holpe / Überholz*

Richtg.	km	Info
↑	**58,5**	in Holpe rechts abbiegen Richtung *Wissen*
←	**60,3**	geradeaus weiterfahren Richtung *Wissen / Morsbach*
↑	**62,2**	in Volpershausen rechts abbiegen Richtung *Wissen*
↑	**69,4**	in Wissen rechts abbiegen auf die *B 62* Richtung *Neuwied / Altenkirchen* (später: *B 256*)
↓	**79,8**	links abbiegen Richtung *Bad Marienberg / Hachenburg*
↓	**83,5**	links abbiegen auf die *B 414* Richtung *Bad Marienberg / Hachenburg*
↑	**83,9**	hinter dem Bahnübergang rechts abbiegen Richtung *Wahlrod / Mudenbach*
↓	**89,0**	in Wahlrod an der Stopstraße links ab auf die *B 8* Richtung *Limburg / Höchstenbach*
↑	**89,2**	in der Kurve rechts abbiegen Richtung *Puderbach / Berod*
↑	**89,5**	rechts abbiegen Richtung *Puderbach / Berod*
↑	**99,5**	in Puderbach rechts abbiegen Richtung *Altenkirchen*
↓	**104,6**	links abbiegen Richtung *Neustadt/Wied / Döttesfeld*
↓	**110,0**	links abbiegen auf die *B 256* Richtung *Neuwied / Rengsdorf*
↑	**110,2**	rechts abbiegen Richtung *Neustadt / Obersteinebach*
↓	**120,8**	in Neustadt/Wied links abbiegen Richtung *Neuwied*
↑	**135,1**	in Rossbach rechts abbiegen Richtung *Linz*

Richtg.	km	Info
↑	141,1	an der Stoppstraße rechts abbiegen Richtung *Kretzhaus / St. Katharinen / A 3*
↓	142,6	in St. Katharinen links abbiegen Richtung *Bad Neuenahr / Linz*
↑	145,8	rechts abbiegen Richtung *Asbach / A 3*
↖	152,0	halblinks der abknickenden Vorfahrt folgen Richtung *Asbach / A 3*
←	155,9	an der Ampel in Rottbitze weiter geradeaus Richtung *Asbach / Eitorf*
←	157,0	geradeaus über den Kreisverkehr Richtung *Asbach / A 3*
↓	161,6	links abbiegen Richtung *Eitorf / Altenkirchen*
↑	162,7	an der Stoppstraße rechts abbiegen Richtung *Eitorf / Altenkirchen*
↓	164,1	in Buchholz links abbiegen Richtung *Uckerath / Kölsch-Büllesbach*
↗	165,6	zweimal halbrechts, immer Richtung *Uckerath* fahren
↓	168,9	links abbiegen Richtung *Siegburg / Hennef*
↑	170,1	in Uckerath rechts abbiegen Richtung *Eitorf / Süchterscheid* (Schild spät zu erkennen!)
←	172,5	in Süchterscheid geradeaus Richtung *Eitorf*
↓	176,4	in Bach links abbiegen Richtung *Hennef / Bülgenauel*
↑	182,2	rechts abbiegen Richtung *Allner / Lauthausen*
↓	186,9	an der Stoppstraße links abbiegen Richtung *Bonn / Hennef*
●	187,6	Ankunft am Ausgangspunkt Autobahnauffahrt Hennef-Ost

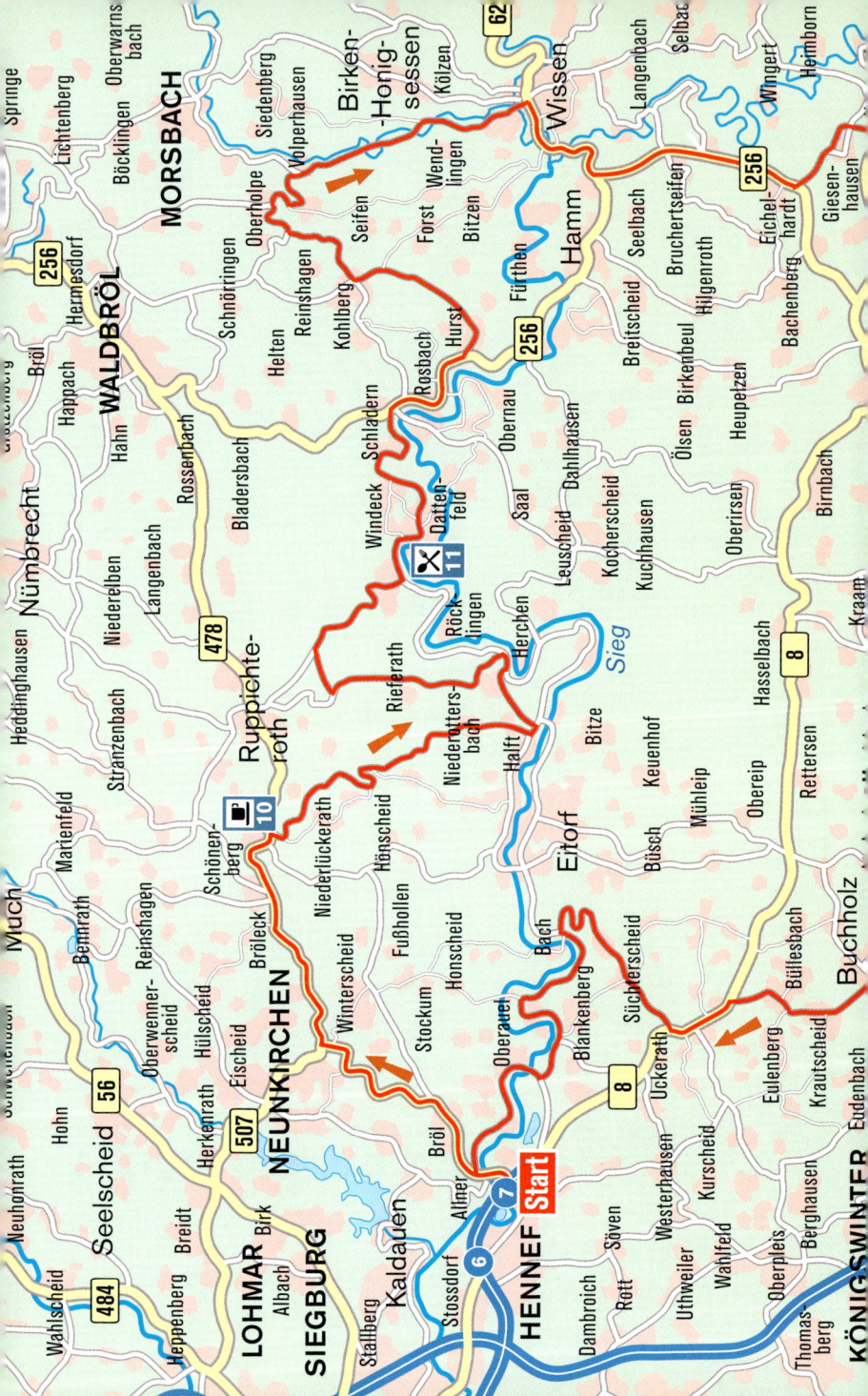

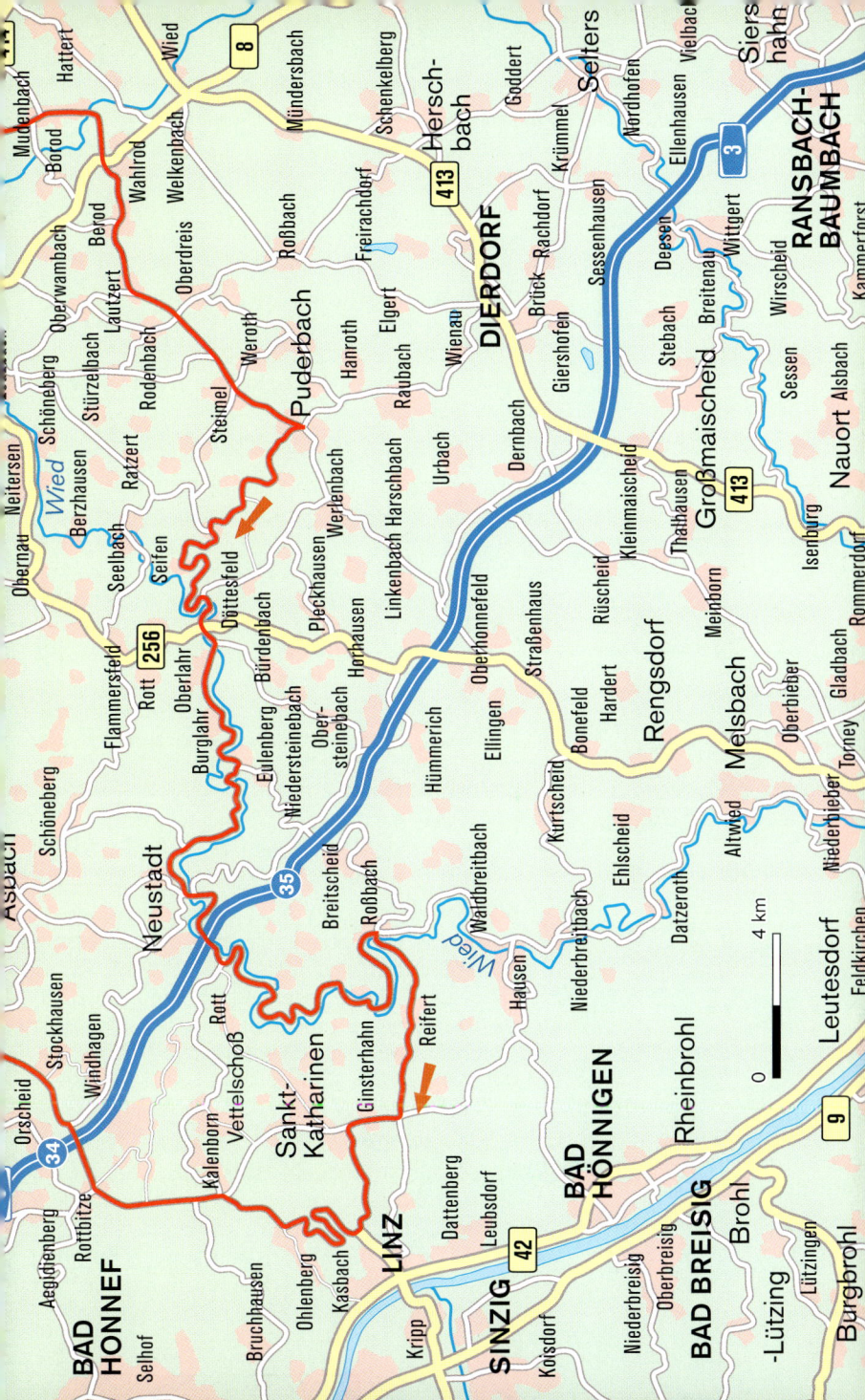

Berge, Bäume, Belgier

Typ:	anregende Tour durch landschaftliche Vielfalt
Geeignet für:	Tourer, Sportler
Länge:	ca. 213 km ab Kerpen
Sightseeing:	ordentlich
Kurven:	gute Mischung, anspruchsvolle Abschnitte
Motorrad-Dichte:	weitgehend gering
Kombination:	Tour 11 (S. 138)
Besonderes:	an Wochenenden und Feiertagen Streckensperrung für Motorräder am Rursee

Langer- wehe

Amphoren mitten in einem Kreisverkehr? Nanu?! Aaahh: Die Langerweher frönen der Töpferkunst. Oder zumindest dem Töpferhandwerk. Und das immerhin schon seit 1000 Jahren. Aber ob sie den Römern wirklich Amphoren „Made in Germany" gefertigt haben? Ein Töpfereimuseum gibt Aufschluss darüber.

In Kerpen begann die Karriere des Michael Schumacher, und seine Kartbahn lockt immer noch viele Fans in Kerpens schmuckloses Gewerbegebiet. Kartfahren? Wir haben andere Pläne, lassen Schumachers rote Welt schnell hinter uns, umkurven ganz elegant Kerpen und sind ruckzuck auf grüner Strecke. Das Land ist jever-flach, und wir nehmen die ersten 30 Kilometer gelassen und mit wachsender Vorfreude auf bald kommende Kurven unter die Räder. Um nicht durch Düren zockeln zu müssen, machen wir einen großen Bogen drum herum. Unterwegs begegnen wir dem Braunkohletagebau in Form von Hambach bei Niederzier, großen Kraftwerken, welche die Kohle gleich wieder verheizen, sowie merkwürdigen Amphoren, die in Langerwehe einen Kreisverkehr zieren.

Dann aber geht es richtig ins Grüne. Eine kleine Straße nimmt uns mit in den Hürtgenwald, ein ausgesprochen nettes Ausflugsgebiet. Nur die Piste spielt nicht ganz mit, von rumpelig bis Waschbrett werden alle denkbaren Facetten eines schlechten Belages geliefert. Aber bevor es uns wirklich verdrießt, gibt es dann wieder halbwegs ordentlichen Asphalt.

Wir staunen darüber, dass sich der Mensch in Vicht merkwürdige Natursteinhäuser baut, und freuen uns, dass die Straßenplaner im Kreis Düren auch an Kurven gedacht haben. Für Cruiser perfekt – und für sportliche Naturen immerhin annehmbar. Auf dem Weg runter zum Rursee merken wir dann, dass wir

zwischenzeitlich schon recht respektable Höhen erklommen hatten. Mehr als 500 Meter waren es, etliche von ihnen werden wir jetzt aufs Feinste wieder hinuntergeführt.

Rheinland vom Feinsten: der Hürtgenwald bei Stolberg.

Hinter Steckenborn wird die Straße dann so betörend schön, dass man glaubt, sie für Motorradfahrer an Wochenenden und Feiertagen sperren zu müssen. Sehr schade, denn der Streckenabschnitt vermittelt Alpen-Flair pur: Wenn der Bergsee tief unter uns glitzert, wenn wir die Serpentinen sehen, die sich zum Wasser hinunterwinden, rechts und links bemerkenswert schräge Berghänge, an denen Hütten kleben und auf denen das Vieh weiden kann, ohne den Kopf zu senken – das hat schon was. Wer nicht zwanghaft runterbrettern muss, genießt die Serpentinen und das Hochgebirgs-Feeling doppelt lange. Übrigens: Für die erlaubten 70 muss man in den Kurven schon eine halbwegs ansehnliche Schräglage hinlegen.

Bis Rurberg reicht das „verbotene Terrain", auf dem Weg nach Einruhr müssen die Sonntagsfahrer wieder mit (legalem) Moppedverkehr rechnen. Der Weg dorthin sowie der Aufstieg nach Dedenborn sind weiterhin mit netten Kurven gespickt. Und in De-

Motorradtreffs auf dieser Tour

 Biker Ranch
(Simmerath)

 Biker's Inn
(Morsbach)

 Gerdas Eifeltreff
(Heimbach)

Hohes Venn

Das Hohe Venn ist auf den ersten Blick ein verdammt großer Wald. Beschäftigt man sich mit dem deutsch-belgischen Naturpark etwas näher, erfährt man, dass es sich um ein Hochmoor mit ausgeprägten Niederschlägen, etlichen Bächen, Flüssen und Talsperren handelt. Ein gigantischer Wasserspeicher, also.

Der Truppenübungsplatz Elsenborn hat eine wechselvolle Geschichte. Von „unserem" Kaiser Willem wurde er Ende des 19. Jh. angelegt und diente später als Aufmarschgebiet für die Kriege gegen den „Erzfeind" Frankreich. Nach dem Zweiten Weltkrieg zogen dann die Belgier auf das Gelände und nutzen das riesige Areal bis heute als Übungsgelände für ihre Truppen.

denborn selbst schlägt die Straße einen Haken nach dem anderen. 2,5 km lang, aber bitte Vorsicht: hier leben Menschen, hier spielen Kinder!

Hinter Dedenborn treffen wir auf die Rur und folgen ihr durch eine zutiefst malerische Landschaft. Und diese Landschaft ist nicht irgendeine Landschaft, sondern Nationalpark. Jawoll. Bei Widdau lösen wir uns von dieser Idylle und kraxeln hoch nach Höfen. Die kleine Straße braucht dazu etliche 180-Grad-Kehren – uns soll es recht sein! Hinter Rohren wirkt das Land dann flach und plan, aber wir sind mehr als 550 Meter hoch. Über die Hochebene rauschen wir nach Höfen und setzen dann Kurs auf Kalterherberg, der letzten Station vor der Grenze und dem belgischen Parc Naturel des Hautes Fagnes.

Wer sich nicht den Lehrpfaden anschließen will, fährt respektvoll durch und staunt, wie bewaldet und hoch Belgien sein kann, denn immer noch sind wir mehr als 500 Meter über NN. Nach einer längeren Walddurchfahrt landen wir an einem Kreisverkehr, in dessen Mitte keine Amphoren platziert sind, sondern ein ausgewachsener Panzer. Kein Wunder, denn ringsum wimmelt es von Militär. In einem großen Bogen (fast 30 km!) umkurven wir den Truppenübungsplatz Elsenborn. Während wir längs des Sperrgebiets fahren, sehen wir Bunkeranlagen, große Abholzungen, Straßen in Betonplatten-Bauweise, Hinweisschilder „Zum Scharfschießen" und andere weniger schöne Notwendigkeiten der Kriegsspielerei. Ach ja, Landwirtschaft sehen wir natürlich ebenfalls, denn schließlich leben hier auch Belgier, die einer zivilen Tätigkeit nachgehen.

Durch dichten Tann geht es dann wieder zurück nach Hause bzw. nach Deutschland. Wo die Bundesrepublik anfängt, kann man nur ahnen, Grenzschilder gibt es keine mehr. Die Straße befindet sich nach wie vor auf hohem Niveau, was allerdings nicht ihre Beschaffenheit betrifft, sondern ihre Höhe von mehr als 600 m über dem Meeresspiegel. Die Ortschaften Dreiborn und Morsbach, durch die wir als nächstes fahren, machen einen recht verschlafenen Eindruck. Noch, denn sie werden seit geraumer Zeit schon von Spekulanten umkreist, die hier das ganz große Touristengeschäft wittern, nachdem das benachbarte militärische Sperrgebiet Vogelsang entsperrt wurde.

Ab Gemünd werden wir dann wieder alpin gefordert. Die Kurvenradien ziehen sich zu, um sich hinter Wolfgarten vorübergehend wieder zu strecken. Zwei Wege stehen dann zur Auswahl, um nach Heimbach runter zu kommen. Der rechte ist etwas kurviger, der linke aber bietet die Möglichkeit, noch mal ans Westufer des Rursees zu kommen und Gerdas Eifeltreff einen Besuch abzustatten. Und das tun viele Motorradfahrer. Fahren wir also links, genießen eine herrliche Strecke, sagen bei Gerda „Guten Tag", gönnen uns noch mal einen ausgiebigen Blick auf den See und schlängeln uns nach Heimbach durch, wo bereits die Rur auf uns wartet.

Zu uns gesellt sich dann auch noch eine Eisenbahnlinie – und schafft es tatsächlich, trotz der ganzen Kurverei immer dicht an Fluss und Asphaltband dran zu bleiben. Respekt! Unser gemeinsamer Weg ist einer der ganz feinen Sorte. Zur Linken hat es sich die Rur richtig schön gemacht, rechts kratzen

Burg Vogelsang ❸

Ohje, welch Erbe! Bis Ende 2005 war um die Burg noch ein großer Zaun. Drinnen saßen belgische Truppen, die fast 60 Jahre lang eines der spektakulärsten Nazibauwerke nutzten. In den 1930er Jahren baute hier die NSDAP eine „Ordensburg", in der die künftige Staats- und Parteielite ertüchtigt werden sollte.
(Forts. S. 130)

Eifel vom Feinsten: das Rurtal.

Die Kurven sind klasse. Nur über den Belag könnte man streiten ...

(Forts.) Das Ganze wurde nie richtig fertig, denn irgendwie kam der Krieg dazwischen. Nichts war es mehr mit Ertüchtigung und Elitezucht. Die relativ unbeschädigte Anlage ging an die Belgier, die dort ihre Streitkräfte: ertüchtigten. Nach dem Rückzug der Belgier und der Rückgabe der Anlage muss nun Deutschland sehen, wie es mit dem braunen Erbe klarkommt. Dutzende von Plänen für das Areal werden auch heute noch intensiv diskutiert. Ob eine neue Nutzung jemals gefunden wird? Gefunden werden darf? Immerhin gab es auch Pläne für Sportanlagen, ein Wellness-Zentrum oder einen Golfplatz. Zur Zeit ist die Burg ein „Lernort". Was die Anwohner von dem Nazi-Erbe halten, kann man z.B. im Biker's Inn (Morsbach) erfahren.

schroffe Felsformationen bis an den Seitenstreifen. Bei Blens lassen wir dann Wasser und Schiene alleine weiterkurven und machen uns auf den Weg nach Nideggen. Wir registrieren, dass die Berge langsam abflachen. Die schönen Kurven aber bleiben uns vorerst noch erhalten.

In Nideggen ist dann aber Schluss mit Lustig, bzw. Eifel. Ziehen wir mal ein wenig am Kabel und lassen die Landschaft an uns vorbeifliegen. Bei Vettweiss (schöner Name) schlagen wir einen 90-Grad-Haken und machen uns auf die Suche nach einem Ort namens Frau Wüllesheim (nein, das war jetzt gelogen, der Ort heißt Frauwüllesheim – trotzdem sehr schöner Name). Und dieser Ort liegt irgendwo hinter Jakobwüllesheim (auch nicht schlecht ...). Herr und Frau Wüllesheim scheinen aber getrennte Wege zu gehen, fast vier Kilometer liegen zwischen den beiden.

Da die Berge fehlen, kann man wieder von Kirchturm zu Kirchturm navigieren. Wir suchen uns Irresheim, und dann Hochkirchen, wo wir wieder in den dichteren Straßenverkehr eintauchen. Man kommt zwar ganz ordentlich voran, muss sich das Revier aber mit etlichen Autos teilen. Noch irgendwelche nennenswerte Vorkommnisse bis zur Ankunft in Kerpen? Nee, eigentlich nicht. Ist doch auch o.k. – oder?

Richtg.	km	Info
←	0,0	Start in Kerpen, A 4 Ausfahrt Kerpen nach Süden, Richtung *Kerpen*
↑	0,9	rechts abbiegen Richtung *Düren*
↑	4,0	am Kreisverkehr erste Ausfahrt Richtung *Düren / Blatzheim*
↑	6,5	in Blatzheim rechts abbiegen Richtung *Neuss / Bergheim*
↓	6,6	der Vorfahrtstraße nach links folgen
↑	6,9	rechts abbiegen auf die *B 477* Richtung *Neuss / Bergheim*
↓	10,2	links abbiegen Richtung *Buir / Manheim*
↑	13,0	an der Vorfahrtstraße rechts abbiegen Richtung *Elsdorf / Etzweiler*
↓	13,2	links abbiegen Richtung *Merzenich / Morschenich*
↑	15,1	in Morschenich der abknickenden Vorfahrt rechts folgen, danach Linkskurve
↑	18,2	an der Ampel rechts abbiegen Richtung *Ellen / Jülich*
↓	24,0	links abbiegen Richtung *Krauthausen / Niederzier*
↓	24,7	links abbiegen Richtung *Krauthausen / Niederzier*
↑	25,6	der abknickenden Vorfahrt rechts folgen Richtung *Krauthausen*
←	28,8	in Krauthausen weiter geradeaus Richtung *Langerwehe / Pier*
↑	31,1	in Pier rechts abbiegen Richtung *Inden / Langerwehe*

Richtg.	km	Info
↓	31,4	links abbiegen Richtung *Langerwehe*
↓	34,1	nach Ortsdurchfahrt Luchterberg links der Durchgangsstraße nach *Langerwehe* folgen
←	36,5	geradeaus über den Kreisverkehr Richtung *Langerwehe*
↓	37,2	in Langerwehe im Kreisverkehr an der Kirche 3. Ausfahrt Richtung *Bahnhof / Rathaus*
↑	37,5	im nächsten Kreisverkehr 1. Ausfahrt nehmen (keine Ausschilderung)
←	37,6	geradeaus über den nächsten Kreisverkehr Richtung *Wenau / Schevenhütte*
↓	43,6	in Schevenhütte links abbiegen Richtung *Düren*
←	44,1	geradeaus weiterfahren Richtung *Vicht / Erholungsgebiet Vicht* (weißes Schild)
↑	44,5	rechts abbiegen Richtung *Vicht*
↓	50,3	am Ende der Straße links abbiegen, Ortseingang Vicht
↓	51,1	in Vicht links abbiegen Richtung *Monschau*
↓	53,6	der abknickenden Vorfahrt links Richtung *Düren / Monschau* folgen
↙	53,9	links abbiegen Richtung *Düren / Hürtgenwald*
↙	61,0	halblinks halten Richtung *Düren*
←	61,1	an der Stopstraße geradeaus fahren auf die *B 399* Richtung *Düren*
↑	63,5	rechts abbiegen Richtung *Rollesbroich*
↖	68,1	in Rollesbroich im Kreisverkehr 1. Ausfahrt nehmen (keine Ausschilderung)

Richtg.	km	Info
↓	69,0	an der Stopstraße links abbiegen auf die *B 266* Richtung *Strauch / Rursee*
↓	70,1	in Strauch im Kreisverkehr die dritte Ausfahrt nehmen Richtung *Düren / Nideggen*
●	70,2	Motorradtreff *Biker Ranch*
⌐		ab Steckenborn Sperrung an Wochenenden – Umleitung auf der B 266 über Kesternich
↗	70,7	an der Sparkasse rechts abbiegen (keine Ausschilderung), links in die *Gartenstraße* fahren
←	71,0	ar der Vorfahrtstraße geradeaus fahren Richtung *Steckenborn*
↑	72,3	in Steckenborn rechts abbiegen Richtung *Rurberg / Woffelsbach*
↓	79,6	links abbiegen Richtung *Gemünd / Einruhr*
↑	83,1	rechts abbiegen auf die *B 266* Richtung *Aachen / Monschau*
↓	83,8	links abbiegen Richtung *Hammer / Dedenborn*
↙	91,4	in Hammer links abbiegen Richtung *Monschau / Imgenbroich*
↘	94,1	scharf links abbiegen Richtung *Höfen / Widdau*
←	99,5	an der Vorfahrtstraße weiter geradeaus abbiegen Richtung *Malmedy*
↑	103,1	in Kaltenherberg der abknickenden Vorfahrt rechts folgen
↓	103,9	an der Kirche links abbiegen (keinerlei Ausschilderung)
↗	104,5	halbrechts der Straße folgen Richtung *Malmedy*
●	105,1	*Grenzübergang Belgien*

Richtg.	km	Info
←	112,1	geradeaus über den Kreisverkehr nach *Sankt-Vith / Bütgenbach / Elsenborn*
↓	112,6	der abknickenden Vorfahrt links folgen Richtung *Elsenborn*
↓	113,2	der abknickenden Vorfahrt links folgen Richtung *Elsenborn*
←	116,2	in Elsenborn geradeaus weiterfahren Richtung *Rocherath / Wirtzfeld*
↓	121,3	in Wirtzfeld links abbiegen Richtung *Rocherath*
↙	123,3	halblinks auf die Vorfahrtstraße biegen Richtung *Rocherath / Wahlerscheidt*, dann durch Rocherath der Vorfahrtstraße folgen
●	131,7	**Grenzübergang Deutschland**
↑	132,8	rechts abbiegen auf die *B 258* Richtung *Koblenz / Schleiden*
↓	136,9	links abbiegen Richtung *Gemünd / Herhahn / Dreiborn*
↑	144,2	in Herhahn an der Stopstraße rechts ab auf die *B 266* Richtung *Euskirchen / Gemünd*
●	144,2	Abstecher zum Motorradtreff *Bikers Inn*: hier links abbiegen (ca. 300 m)
↓	149,0	in Gemünd links abbiegen auf die *B 265* Richtung *Düren / Zülpich*
↓	151,5	links abbiegen Richtung *Heimbach / Wolfgarten*
↓	154,3	links abbiegen Richtung *Schmidt / Aachen / Schwammenauel*
●	161,0	*Gerdas Eifeltreff*

Richtg.	km	Info
↗	163,0	ha brechts halten Richtung *Köln / Heimbach*
↓	165,0	am Kreisverkehr in Heimbach 2. Ausfahrt nehmen Richtung *Düren / Nideggen*
↑	175,4	in Nideggen rechts abbiegen Richtung *Düren / Erftstadt*
←	176,0	über den Kreisverkehr geradeaus weiter Richtung *Erftstadt / Vettweis*
←	182,1	geradeaus über den Kreisverkehr Richtung *Bonn / Euskirchen / Erftstadt*
←	182,9	an der Ampel weiter geradeaus Richtung *Euskirchen / Gladbach / Vettweis*
↓	184,8	links abbiegen Richtung *Düren / Jakobwüllesheim*
←	187,1	geradeaus weiterfahren Richtung *Frauwüllesheim*
↑	193,6	in Frauwüllesheim rechts abbiegen Richtung *Zülpich / Vettweis*
↓	194,1	links abbiegen Richtung *Hochkirchen*
↓	198,6	an der Stopstraße links abbiegen auf die *B 477* Richtung *Bergheim*
↑	203,7	im Kreisverkehr die erste Ausfahrt nehmen Richtung *Köln / Kerpen (B 264)*
↓	207,5	links abbiegen Richtung *Sindorf / Kerpen*
←	209,0	geradeaus über den Kreisverkehr Richtung *Sindorf*
↓	212,0	an der Ampelkreuzung links abbiegen Richtung *Bergheim*
●	212,8	Ankunft am Ausgangspunkt (*A 4, Ausfahrt Kerpen*)

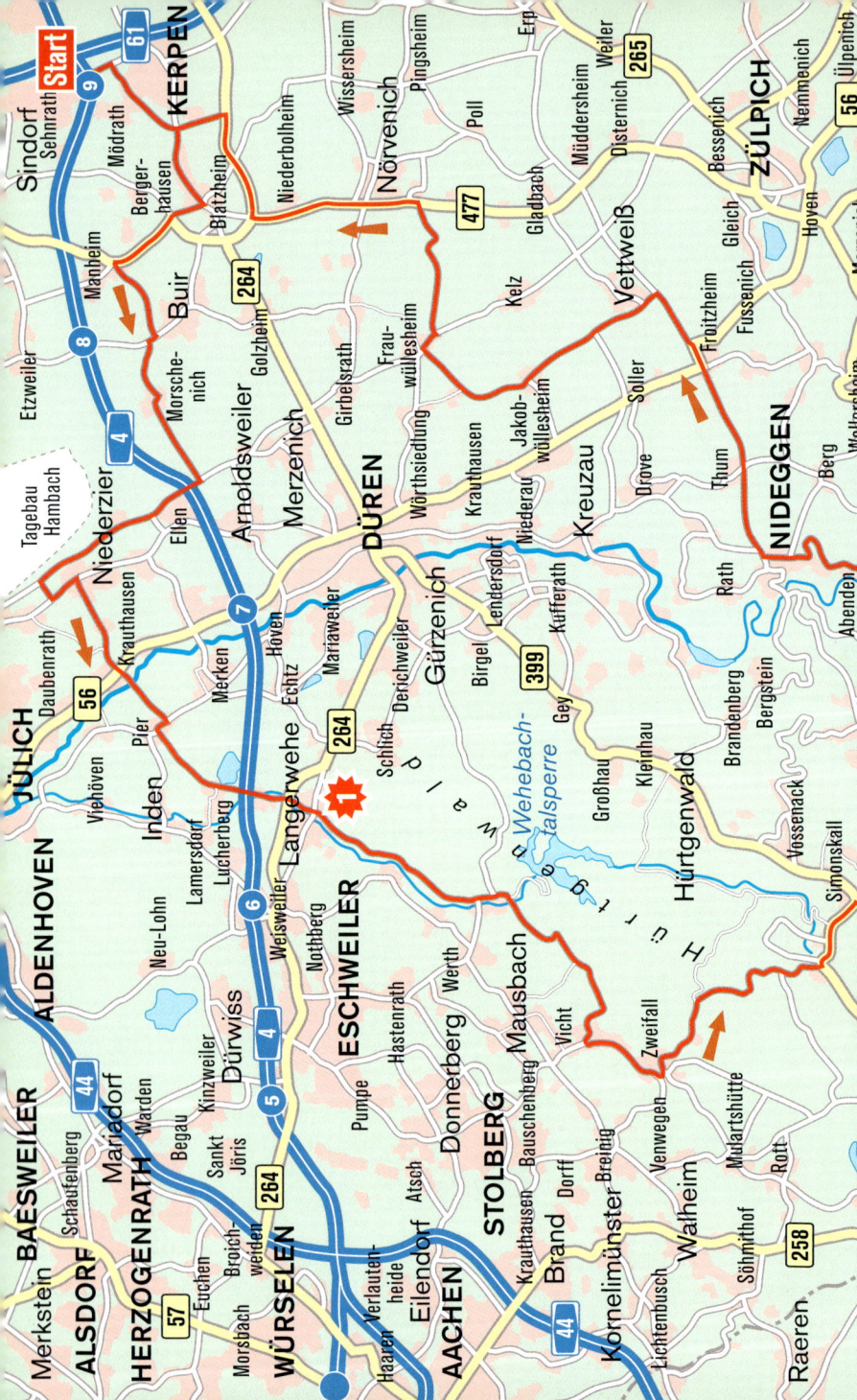

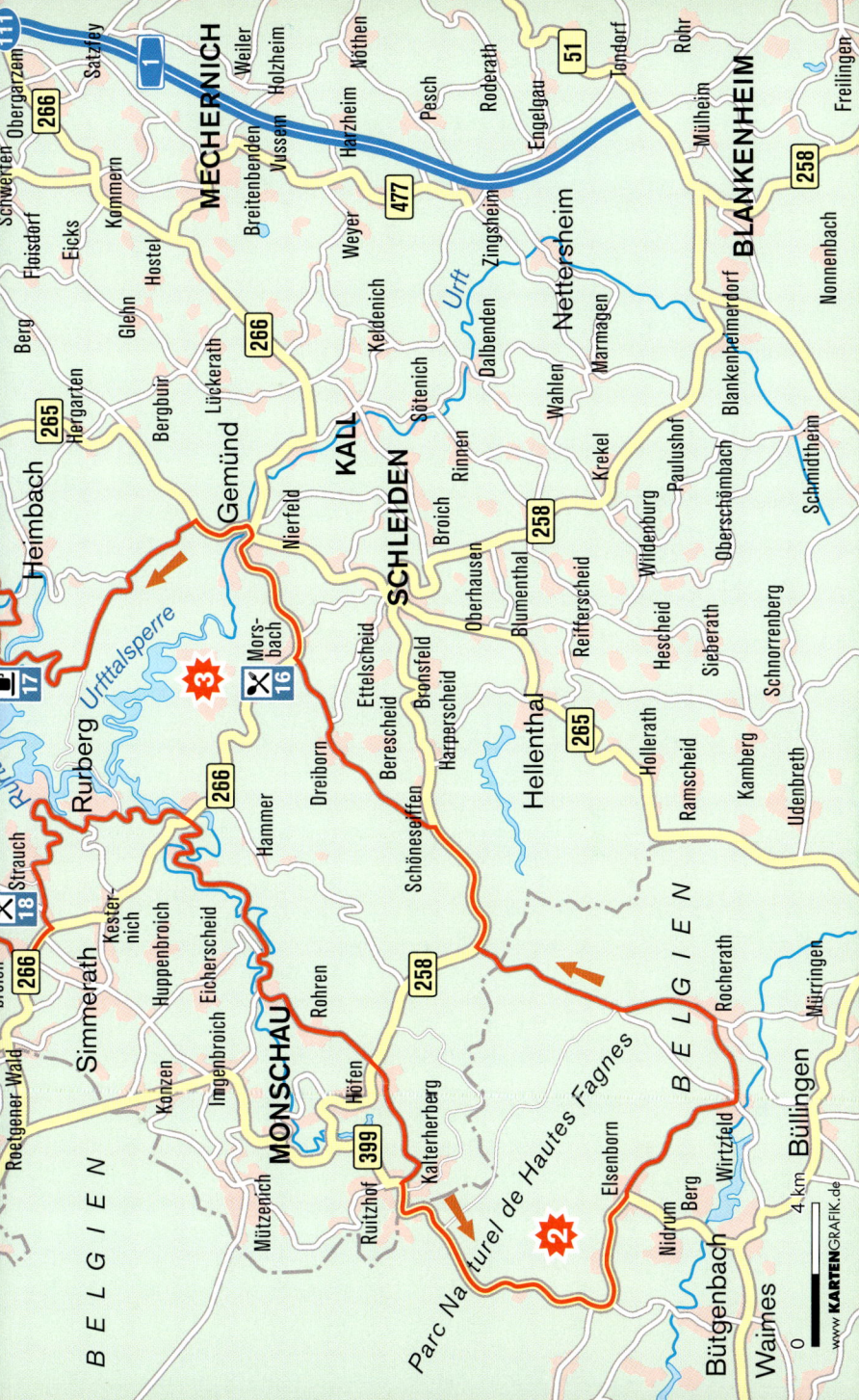

Verlockende Kurven

Typ:	abwechslungsreiche Tour, anspruchsvolle Abschnitte
Geeignet für:	Tourer, Sportler, Cruiser
Länge:	ca. 172 km ab Brühl
Sightseeing:	wenig
Kurven:	sehr ordentlich
Motorrad-Dichte:	gering, nur abschnittsweise höher
Kombinationen:	Tour 10 (S. 126), Tour 12 (S. 148)

Was braucht ein Kreisverkehr?

In Weilerswist passieren wir den reduziertesten Kreisverkehr, den zumindest die Autoren dieses Buches je gesehen haben. Einfach eine Kreuzung, in deren Mitte irgendwas kleines Rundes gestellt wurde. Perfekt!

Motorradtreff auf dieser Tour

 Haus Waldfrieden (Schuld)

Aus dem Alter fürs Phatasialand sind die meisten von uns zwar schon rausgewachsen – aber der Park eignet sich durchaus als Startpunkt für eine freundliche Eifeltour. Zockeln wir also erst mal über die einzig mögliche Straße von Brühl nach Weilerswist, wo die Route dann ausgetretene Pfade verlässt und langsam unsere Sinne weckt.

Allerdings will man uns offenbar nicht ganz unvorbereitet auf die zunehmend netter werdende Landschaft loslassen: Tempolimits hindern den forschen Bewegungsdrang, und so knirschen sicherlich noch die Zähne unter manchen Helmen. Während wir noch darüber rätseln, ob der Ortsname „Wichterich" die Steigerungsform von „Wichtig" ist, erfahren wir nur wenige hundert Meter später, dass der Superlativ wohl „Oberwichterich" sein muss. In Frauenberg gibt's dann ein seltenes Exemplar Ampel zu bestaunen: nämlich mit Doppelrot. In Frauenberg. Komme nur keiner auf die Idee, damit irgendwelche chauvinistischen Späße zu machen! Wer vom Doppelrot zum vorübergehenden Stillstand verurteilt wird, darf allerdings mit Fug und Recht darüber sinnieren, was diese Ampel denn eigentlich regelt. Querverkehr, Fußgänger oder Baustelle scheiden aus …

Inzwischen lässt man uns versuchsweise mal 100 fahren – und wenn wir Euskirchen im gebührenden Abstand passiert haben, beginnt so langsam das, worauf wir uns gefreut haben. Die Landschaft bekommt allmählich Konturen und die Straße zunehmend Kurven. Aber auch die Nordausläufer der Eifel

machen keinen Hehl daraus, sich von den Früchten der Landwirtschaft zu ernähren. Gut für Deutschland – aber Gefahrenquelle für uns: Wo Ackerbau und Viehzucht, da auch Trecker, die Straßen zuparken und den herrlichsten Asphalt versauen.

Farbenspiele: Die Eifel hält eine große Palette für uns bereit.

Altehrwürdige Kirchtürme wetteifern mit modernen Windmühlen um die erdgebundene Lufthoheit – und die sich sanft wölbenden Felder und Weiden zeigen sich als bodenständige Grundlagen der menschlichen Existenz. Und wir sehen es ein: Motorradfahren gehört nicht wirklich zu den elementaren Notwendigkeiten. Aber Spaß macht es! Und der Spaß ist noch steigerungsfähig. Ab Heimbach geben wir uns der unwiderstehlichen Verlockung von Kurven und Serpentinen hin. Noch ein kurzer Blick auf die wirklich feine Burg und dann gilt unsere Konzentration dem Asphaltband, das sich in anspruchsvollen Windungen den Berg hinaufschraubt. Damit wir uns nicht überanstrengen, haben ängstliche Behörden manch überflüssiges Temposchild an den Wegesrand gepflanzt. Zuviel der Fürsorge.

Bad Münstereifel ①

Den Anfang machte vor fast 1200 Jahren ein Benediktinerkloster, das den Namen „Münstereifel" trug. 500 Jahre später kam die Burg dazu. Vieles von dem, was dann in den folgenden Jahren erbaut wurde, lässt sich auch heute noch bestaunen. Bad Münstereifel ist aber nicht nur ein Open-Air-Museum für alte Steine, sondern, wie der Name schon verrät, ein Kurort, der sich seit über 70 Jahren der Kneipp'schen Therapie verschrieben hat.

Fast bis Gemünd zockeln wir unter dem Joch der Regelwut – allein, es entschädigt die Landschaft. Und die Aussicht, dass die letzte, feine Kurvenstrecke runter nach Gemünd ohne Tempolimits genossen werden darf. Längs der Urft geht's dann zunächst Richtung Westen, wenig anheimelnd entlang eines Gewerbegebiets. Kall wird als nächster Zwischenstopp aufgerufen. Aber den schenken wir uns und umkurven die Stadt im Norden.

Bis Eiserfey zieht sich die Straße unspektakulär aber durchaus nicht unangenehm durch die Landschaft. Der Kontakt mit der B 477 bleibt kurz, und hinter Eiserfey geht es zunächst auf kleiner Nebenstraße weiter Richtung Bad Münstereifel. Je näher wir uns dem Kneipp-Kurort mit der frommen Vergangenheit nähern, desto breiter wird die Straße. Im Verlaufe einiger schöner Kurven bieten sich ebensolche Blicke auf die mittelalterliche Stadtbefestigung – und wenig später dann ebenerdig gesehen, gibt es auch einiges, woran das Auge hängen bleibt.

Die Kombination aus Geschichte und Gesundheit kommt gut: Viele Leute wollen nach Bad Münstereifel, und das merkt man spätestens im dichten Autoverkehr auf der B 51, der wir ein kurzes Stück Richtung Süden folgen. Ab Eicherscheid geht es dann wieder etwas verkehrsberuhigter zu, sprich: Es zockeln weniger Autos auf den feinen Straßen herum. Dafür wird der Motorradverkehr zunehmend dichter. Und wenn man glaubt, dass man mit 110 km/h schon recht zügig durch die Landschaft gleitet, pfeifen einige tieffliegende Ge-es-ix-ers, Blades und Ducs derart heftig durchs Gebiet, dass man glaubt, man würde stehen.

Bald verlassen wir die ganz schnelle Piste wieder und nehmen eine der bewährten kleinen Straßen mit einem großen Bogen über Schönau, Schuld und Mahlberg gen Osten. Auch hier darf man Gas geben – allerdings auf anderem Niveau. Und hier darf man sogar überholen, was auf den beliebten Pisten nicht immer der Fall ist. Aber zum Überholen stellt sich hier die Frage: wen? Meist sind wir ja allein unterwegs. Hinter Effelsberg gibt's dann noch mal eine

nette Gebirgs-Einlage. Einzig der Straßenbelag könnte freundlicher stimmen. Trotzdem tauchen wir noch mal richtig ein, zirkeln etliche Höhenmeter runter und treffen gut gelaunt in Kirchsahr ein.

Kurven: wie gemalt!

Wir sagen Rheinland-Pfalz, in dem wir jetzt mehrfach waren, ein letztes Mal Adieu – und schlagartig wird die Straße besser. Richtig lange hält der Landesstraßenbau NRW dieses Zuckerbrot für uns aber nicht bereit – aber dennoch, das Vorwärtskommen ist alles andere als mühselig. Hinter Todenfeld verwöhnt die Straße immer noch Reifen und Bewegungssinn, allerdings wird das Surf-Tempo auf 70 km/h beschränkt. Und dann merken wir langsam, dass die amtlichen Geschwindigkeitsbremsen die Einstimmung auf das Ende der Tour sind. Das Land wird flacher, das Asphaltband zieht sich gerader und der Generalkurs wird unübersehbar gelb angeschlagen: Köln oder Bonn. Aber auf den Geraden zwischen den meisten der vielen Kreisverkehre darf man auch mal Gas geben, und so lässt sich der restliche Weg bis zum Ausgangspunkt in Brühl als kurz und weitgehend schmerzfrei bezeichnen.

Richtg.	km	Info
←	**0,0**	vom Phantasialand kommend Start an der Autobahnauffahrt (*A 553*) *Brühl-Süd*, auf der Phantasialandstraße Richtung *Weilerswist* fahren
↑	**5,0**	in Weilerswist rechts abbiegen Richtung *Düren / Lechenich*
↙	**5,1**	halblinks in die abknickende Vorfahrt fahren Richtung *Düren / Lechenich*
←	**5,7**	geradeaus über den Kreisverkehr Richtung *Düren / Friesheim*
↓	**10,0**	in Friesheim links abbiegen Richtung *Euskirchen / Zülpich*
←	**12,7**	in Niederberg weiter geradeaus Richtung *Zülpich / Wichterich*
←	**16,2**	geradeaus weiter Richtung *Euskirchen / Oberwichterich*
↑	**20,5**	rechts abbiegen auf die *B 56* Richtung *Düren / Zülpich*
↓	**21,2**	links abbiegen Richtung *Mechernich / Schwerfen / Enzen*
↑	**23,6**	in Enzen der abknickenden Vorfahrt rechts folgen Richtung *Obergartzem*
↗	**24,0**	halbrechts abbiegen Richtung *Schwerfen*
↑	**26,5**	am Ende der Straße rechts abbiegen (keine Ausschilderung)
←	**26,7**	über den Kreisverkehr geradeaus weiter (keine Ausschilderung)
↓	**27,6**	in Schwerfen links abbiegen Richtung *Floisdorf* (Hornstraße, dann Floisdorfer Straße)
↑	**30,2**	in Floisdorf rechts abbiegen Richtung *Hergarten*

Richtg.	km	Info
↓	**30,5**	der abknickenden Vorfahrt links folgen Richtung *Hergarten*
↙	**31,9**	halblinks abbiegen Richtung *Gemünd / Hergarten*
↑	**36,2**	an der Stopstraße rechts abbiegen Richtung *Heimbach / Hergarten*
↑	**37,4**	in Hergarten rechts abbiegen auf die *B 265* Richtung *Heimbach / Köln*
↓	**37,6**	links abbiegen Richtung *Heimbach*
↓	**40,8**	am Ende der Straße links abbiegen Richtung *Aachen / Heimbach*
↓	**43,1**	in Heimbach links abbiegen Richtung *Mariawald*
↓	**48,7**	an der Weggabelung links Richtung *Gemünd*
↑	**51,4**	rechts abbiegen Richtung *Schleiden / Gemünd*
↓	**54,0**	in Gemünd links abbiegen auf die *B 266* Richtung *Euskirchen / Mechernich*
↓	**59,4**	links abbiegen Richtung *Nettersheim / Kall*
↑	**59,6**	rechts abbiegen Richtung *Nettersheim / Kall*
←	**60,6**	über den Kreisverkehr geradeaus Richtung *Blankenheim*
←	**61,0**	über den Kreisverkehr geradeaus Richtung *Blankenheim*
↓	**62,3**	links abbiegen Richtung *Eiserfey / Kallmuth*
↑	**67,7**	in Eiserfey rechts abbiegen auf die *B 477* Richtung *Tondorf*

Richtg.	km	Info
↓	68,3	links abbiegen Richtung *Harzheim*
↓	70,3	links abbiegen Richtung *Mechernich / Holzheim*
↑	72,0	am Ende der Straße rechts abbiegen Richtung *Bad Münstereifel*
↓	74,3	im Kreisverkehr die dritte Ausfahrt nehmen Richtung *Bad Münstereifel*
↑	78,2	in Bad Münstereifel rechts halten Richtung *Euskirchen / Blankenheim*
↗	78,5	im Kreisverkehr die 2. Ausfahrt nehmen Richtung *Trier / Blankenheim*
←	80,3	in Eicherscheid geradeaus über den Kreisverkehr Richtung *Nürburgring / Schuld*
↑	83,4	in Schönau rechts abbiegen Richtung *Falkenberg*
↓	83,7	abknickender Vorfahrt links folgen Richtung *Falkenberg*
↓	100,5	links abbiegen Richtung *Bad Münstereifel / Schuld*
↓	103,5	links abbiegen Richtung *Bad Münstereifel / Elcherscheid*
●	103,6	*Haus Waldfrieden*
↑	113,0	rechts abbiegen Richtung *Rheinbach*
↑	117,7	im Kreisverkehr die erste Ausfahrt nehmen Richtung *Altenahr*
↙	124,7	scharf links abbiegen Richtung *Rheinbach / Kirchsahr*
↗	128,1	rechts abbiegen Richtung *Eichen / Lanzerath*

Richtg.	km	Info
↑	131,2	rechts abbiegen Richtung *Berg / Freisheim*
↓	132,3	in Freisheim an der Stopstraße links abbiegen Richtung *Rheinbach* (Ausschilderung nur von der Gegenrichtung sichtbar)
↓	136,2	links abbiegen Richtung *Rheinbach*
↓	137,1	in Todenfeld links abbiegen Richtung *Euskirchen*
←	139,5	an der Stopstraße weiter geradeaus Richtung *Euskirchen*
←	146,7	an der Ampelkreuzung weiter geradeaus Richtung *Köln / Bonn / Euskirchen*
←	147,6	geradeaus über den Kreisverkehr Richtung *Bonn / Euskirchen*
←	149,8	geradeaus über den Kreisverkehr Richtung *Bonn / Rheinbach*
←	150,8	geradeaus über die Ampelkreuzung Richtung *Heimerzheim* und *A 61*
↑	154,8	am Kreisverkehr die erste Ausfahrt nehmen Richtung *Bornheim / Heimerzheim*
↓	158,7	links abbiegen Richtung *Weilerswist-Großvernich*
↑	159,8	rechts abbiegen Richtung *Metternich*
↓	162,0	in Metternich links abbiegen auf die *Meckenheimer Straße*, bis *Weilerswist* durchfahren
↑	166,5	in Weilerswist (dritter Kreisverkehr) 1. Ausfahrt nehmen Richtung *Köln / Brühl* und *A 61*
●	171,9	Ankunft am Ausgangspunkt

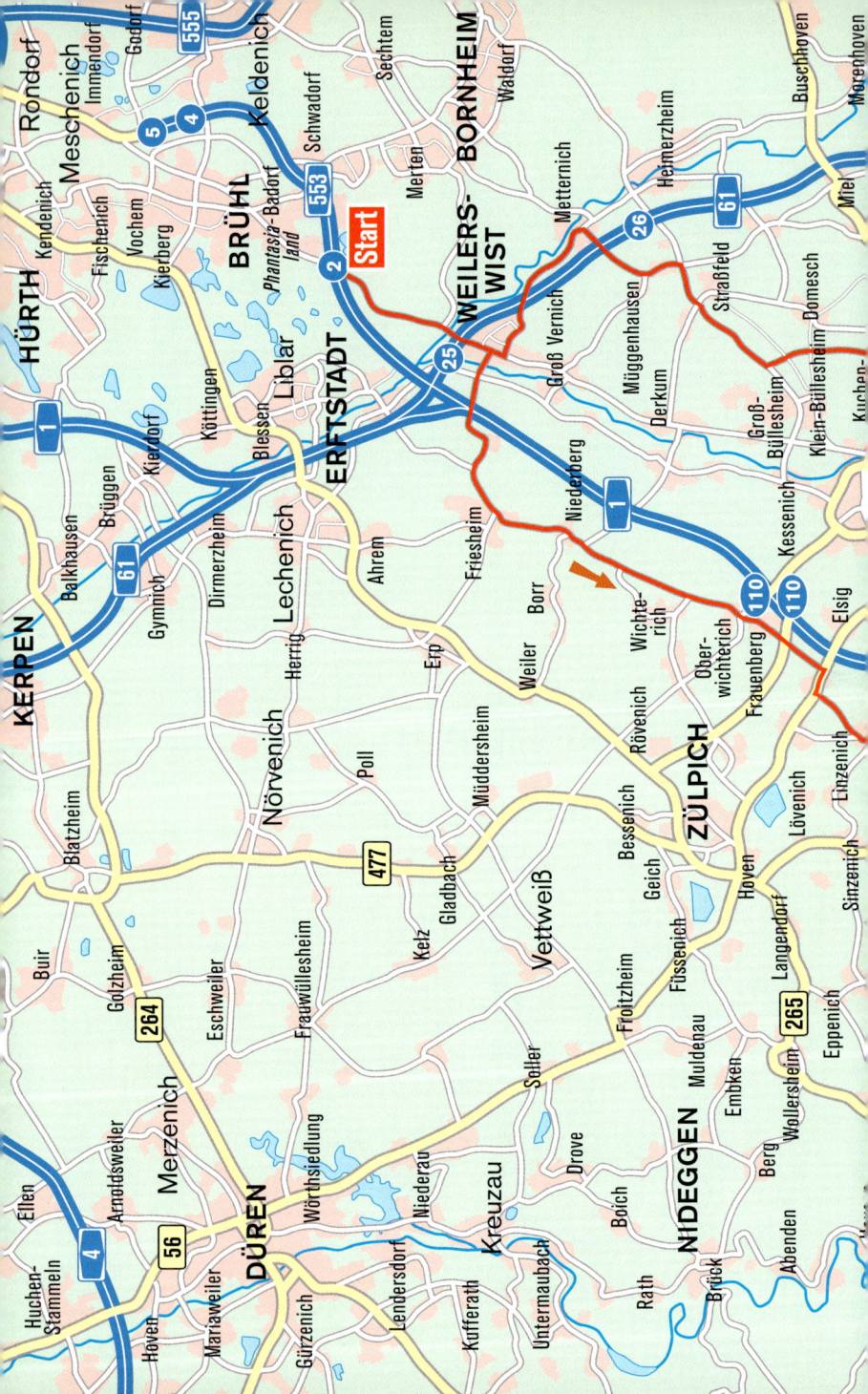

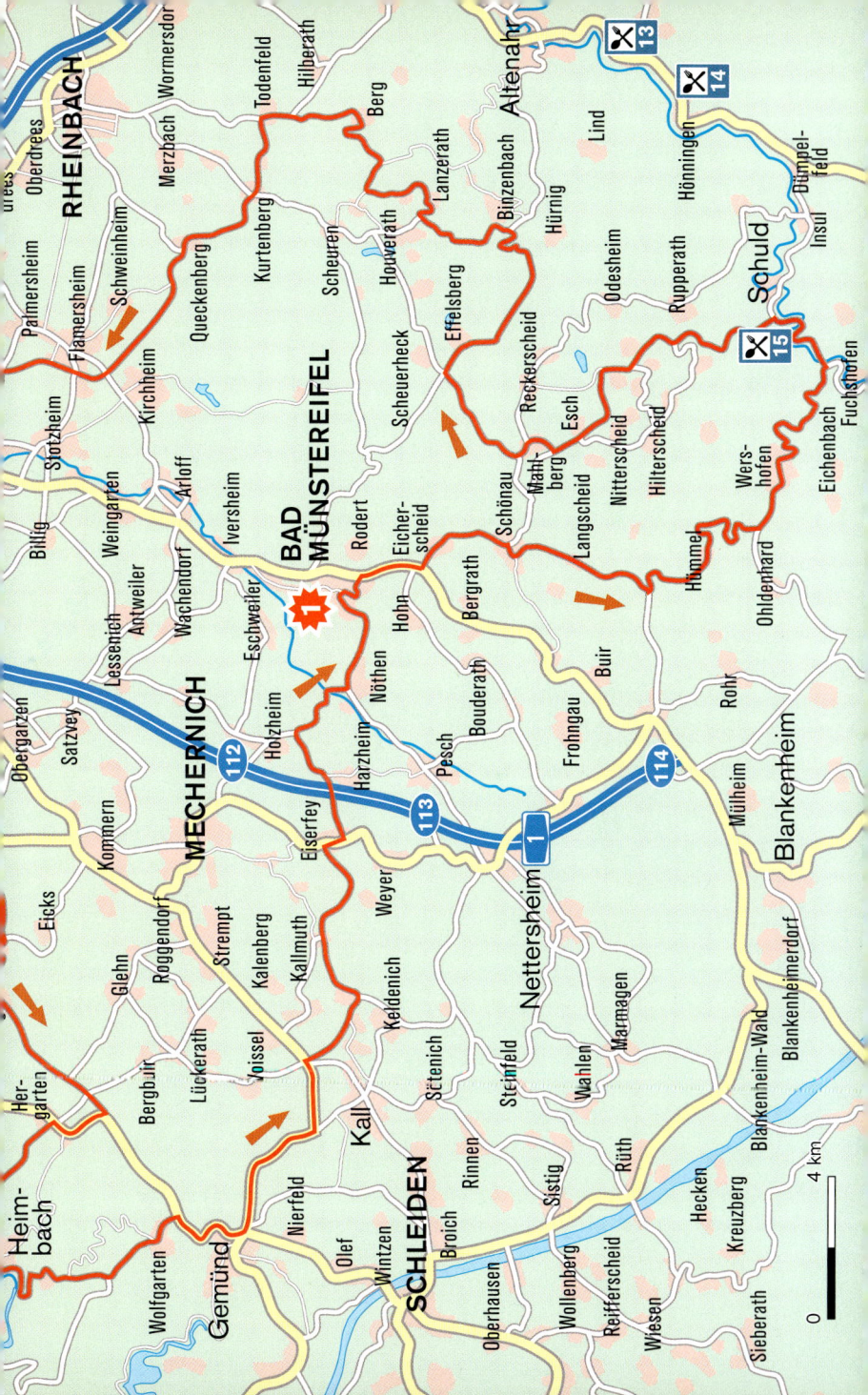

Off Limits

Typ:	anspruchsvolle Tour auch über sehr kleine Straßen
Geeignet für:	Kurvenjunkies aller Motorradkategorien
Länge:	ca. 211 km ab Bad Neuenahr-Ahrweiler
Sightseeing:	viel
Kurven:	reichlich
Motorrad-Dichte:	gering, nur auf kurzen Streckenabschnitten sehr hoch
Kombination:	Tour 11 (S. 138)

In Bad Neuenahr kann man kuren, sein Hab und Gut in der Spielbank verzocken – oder zu einer herrlichen Motorradtour durch die Eifel starten. Letzteres ohne große finanzielle Verluste – und mit einer gehörigen Portion Erholungswert sowieso. Also los, sehen wir zu, dass wir den Ort zügig verlassen und über die Ahr nach Süden ausbüxen. Bald ist der Weg frei in ein recht ungezwungenes Fahrvergnügen. Die ersten Schilder warnen vor Kurven – und jawoll: Ein nettes Winkelwerk stimmt prima ein, es zieht unmissverständlich bergan, und wir zollen allen den Radlern Respekt, die hier unerschrocken hochkraxeln.

Ahrweiler 1

Der Ort nennt sich „Rotweinmetropole" und weist stolz darauf hin, dass seine Geschichte bis auf die Römer zurückgeht. Wer es genauer wissen will, geht ins Museum „Römervilla". Wem das Mittelalter reicht, der bewundert die vollständig erhaltene Stadtmauer und das nette Fachwerk darin.

Ab Ramersbach geht es dann noch kurviger zur Sache, die ersten Spitzkehren lachen dem unerschrockenen Fahrer entgegen. Griffiger Belag lässt uns zügig bergauf klettern, und bald sind 200 Höhenmeter geschafft. Die Dörfer, an denen wir vorbeirauschen, haben so schöne Namen wie „Blasweiler", und die Landschaft unterhält mit abwechslungsreichem Grün. Bald meint der Asphalt es nicht mehr ganz so gut mit uns – aber beschwingt fahren lässt sich trotzdem. Ein Bachlauf plätschert neben der Straße und weist uns den Weg zur Ahr. In Ahrbrück ist der namengebende Fluss erreicht – und wir wundern uns über die Vielzahl der gastronomischen Betriebe, die sich selbst als Motorradtreff bezeichnen oder „Biker willkommen" heißen. Die einzigen Original-Treffs sind allerdings das Café Fahrtwind und das Café Ahr Wind (siehe auch Seiten 81 und 82).

Apropos Motorradtreffs: Wir sind hier mitten im Revier, wie sich unschwer an der Masse Zweiräder erkennen lässt, die durchs Ahrtal rollen oder brennen. Wir allerdings wollen heute mal die überwiegend bekannten Pisten verlassen und einige verschlafene Nebenstrecken unter die Räder nehmen, die zwar keine Rekordzeiten ermöglichen, aber dennoch eine Menge Fahrspaß bieten. Noch vor Altenahr verlassen wir die Mainstreet und schlängeln uns via Unter- und Ober-Krälingen Richtung Norden hoch.

Und sind (fast) allein auf der Straße, können Natur fernab der touristischen Infrastruktur genießen und kurven nach Herzenslust durch Serpentinen und Spitzkehren. Aber das Schönste hier wie auch auf vielen Abschnitten dieser Tour: Man darf sein Tempo frei wählen, „off limits" sozusagen. Was natürlich nicht heißen soll, dass man den Freiraum ständig bis zum Anschlag ausreizen muss: Oft wechselt das Wild die Seiten, hecheln die Frösche zu ihren Laichplätzen, zeigen Traktorspuren, wo der Landmann von seinem Acker rumpelte. Und es gibt auch Menschen, die hier leben, gehen, radeln – und spielen!

Für jeden etwas: Auf dieser Tour gibt es beschauliche Strecken durch sehr ansehnliche Natur …

Motorradtreffs auf dieser Tour

 Café Fahrtwind (Hönningen)

 Café Ahr Wind (Ahrbrück)

 Haus Waldfrieden (Schuld)

 Roadrunner's (Nürburgring)

Wo das Radioteleskop in Effelsberg sein riesiges Ohr zum Weltraum reckt, konzentrieren wir uns weiter auf das Kurvenvergnügen. Serpentinen mit großen und kleinen Radien würzen die Strecke von Lanzerath runter bis nach Effelsberg. Eine kurze Verschnaufpause bis Plittersdorf – und dann geht es nach Obliers in engsten Kehren. Inzwischen sind wir in Rheinland-Pfalz, wo man sich offenbar weniger um Beschilderung und Straßenqualität kümmert.

Sei's drum: Wir genießen die Ausblicke, die sich hier oben bieten, bevor es wieder runter und zurück Richtung NRW geht. Bei Liers stoßen wir auf die Ahr und die B 257 Richtung Nürburgring. Hier müssen dann die vielen Auto- und Motorradfahrer vor sich selbst geschützt werden, und das macht man am besten mit Tempo 70. Eher langweilig. Verlassen wir also bei Dümpelfeld die reglementierte Piste und stürzen uns ab Insul wieder in das Gewühl der engen Kurven.

Am Horizont taucht dann wieder das gigantische Radioteleskop auf, wir nähern uns ihm jetzt von der anderen Seite. Über Rupperath und Oblerath geht es zunächst Richtung Bad Münstereifel, bevor wir in Schönau den Kurs auf Süd ändern. Mit einem Schild begrüßt Rheinland-Pfalz wieder seine Gäste. Das wäre aber nicht nötig gewesen, denn un-

... und herzhafte Kurven, für die keine Restriktionen gelten.

Monreal

Drei Brücken, zwei Burgen und jede Menge idyllisches Fachwerk - keine Frage, Monreal lohnt einen Stopp. Ob man nun zur Löwenburg oder zur Philippsburg raufkraxelt, über die alten Steine der drei Elz-Brücken spaziert oder um die engen Winkel der Fachwerkhäuser streift: In Monreal scheint die Zeit stehen geblieben zu sein.

Was man kaum glauben mag: Der Ort hat eine ausgesprochen lebhafte und erfolgreiche Tuchmachervergangenheit und besitzt seit fast 700 Jahren Stadtrechte.

ser südlicher Nachbar verrät sich sofort durch seine schlechten Straßen. Was natürlich nur für den Belag gilt, denn die Route ist nach wie vor wunderbar: Landschaft von der feinen Sorte in Kombination mit einer Trassenführung, die wenig Kurven auslässt. Und das ist ja schon mal ein Pfund.

Irgendwann hat der Asphalt Erbarmen, bessert sich spürbar und wir freuen uns auf noch mehr Winkelwerk. Hinter Fuchshofen wird die Straße dann zum kleinen Abenteuer. Immer wieder gibt es Ausblicke auf eine Modelleisenbahnlandschaft, und so manche Bank am Straßenrand lädt zum kurzen Stopp ein, um die ganze Pracht in Ruhe zu genießen. Wer allerdings engen Spitzkehren wenig bis gar nichts abgewinnen kann, sollte auf die etwas geradere Alternativroute über Antweiler und Müsch zurückgreifen.

Abschied von der
Eifel? Es ist ja nicht
für immer ...

Nur kurze Erholungspausen, dann geht das Gewusel weiter – und erstaunlicherweise meist „off limits". Gelegentlich bessert sich die Asphaltqualität, um dann nach wenigen Kilometern wieder in den ruppigen Trott zu verfallen. Derweil ziehen wir auf kleinen und kleinsten Sträßchen unmerklich einen großen Bogen um den Nürburgring. Wer unbedingt dort mal hin muss: In Kelberg sind wir ziemlich nahe dran. Abstecher: 7 Kilometer.

Wer den Ring nicht braucht, bleibt einfach auf der Route und genießt nahezu unbehelligt von anderen Verkehrsteilnehmern die kleinen Straßen. Diese werden jetzt, kurventechnisch gesehen, etwas milder. Immer noch schön, aber Serpentinen und Spitzkehren liegen hinter uns. Ab Lirstal gesellt sich jetzt der Elzbach als munter plätschernder Begleiter zu uns. Wir folgen seinem mäandernden Lauf bis Monreal, wo er sich Richtung Süden verabschiedet, um sich irgendwann in die Mosel zu ergießen.

Der weniger spannende Weg nach Mayen und die Ortsdurchfahrt Mayen bleiben uns leider nicht erspart – beides hat man jedoch in angemessener Zeit hinter sich gebracht und abgehakt. Wir halten unbeirrt Kurs auf *Weibern*. Gleichnamigen Ort erreichen wir allerdings nicht. Wir fahren zwar ein Stück längs der Nette, die nahe des Ortes Weibern entspringt, staunen unterwegs über ein Kloster namens *Helgoland*, aber hinter Schloss Bürresheim verlassen wir das Nettetal und nehmen Kurs auf Maria Laach. Nix is' mit Weibern …

Dafür gibt es jetzt wieder feine Straße und beschwingt geht es runter zum Laacher See und dem berühmten Kloster an seinem Südufer. Über die Nordausläufer der Vulkaneifel fahren wir dann in größeren Bögen wieder zurück zur Ahr. Die Gegend wird flacher, die Tempolimits häufiger – bleibt also nur die nette Landschaft, die auch hier noch das Herz erwärmen kann. Als Bonbon gibt es dann für die restlichen 10 Kilometer nach Bad Neuenahr noch mal feine Straße und schöne Kurven – geht doch!

Maria Laach

Wer möchte, kann hier in die Geschichte von Jesuiten und Benediktinern eintauchen – oder die Geheimnisse der Vulkaneifel erkunden.

Richtg.	km	Info
↓	**0,0**	von der B 267, Ausfahrt Ahrweiler, am Ende der Ausfahrt links abbiegen, *Start der Tour*
↖	**0,6**	durch den Kreisverkehr halbrechts Richtung *Nürburgring*
↓	**1,6**	links der Vorfahrtstraße folgen Richtung *Nürburgring / Kempenich*
↓	**2,3**	der abknickenden Vorfahrt links folgen Richtung *Nürburgring / Kempenich*
↗	**10,2**	in Ramersbach scharf rechts abbiegen Richtung *Ahrbrück*
●	**27,3**	*Café Ahr Wind*
●		Abstecher zum *Café Fahrtwind*: hier links auf die B 257 Richtung Hönningen (ca. 1,5 km)
↑	**27,3**	in Ahrbrück rechts abbiegen auf die *B 257* Richtung *Altenahr*
↓	**31,1**	links abbiegen Richtung *Bad Münstereifel / Kreuzberg*
↑	**31,2**	rechts der abknickenden Vorfahrt folgen Richtung *Bad Münstereifel / Rheinbach*
↑	**32,8**	rechts abbiegen Richtung *Rheinbach / Berg*
↙	**36,4**	in Unterkrählingen der Durchgangsstraße folgen (keine Ausschilderung)
↖	**37,0**	in Oberkrählingen halbrechts halten (keine Ausschilderung)
↙	**41,1**	in Freisheim aus der abknickenden Vorfahrt halblinks abbiegen Richtung *Bad Münstereifel*
↓	**42,2**	links abbiegen Richtung *Lanzerath / Eichen*
↓	**45,3**	hinter Lanzerath links abbiegen Richtung *Altenahr*

Richtg.	km	Info
↗	48,7	scharf rechts abbiegen Richtung *Bad Münstereifel / Effelsberg*
↘	51,7	scharf links abbiegen Richtung *Lind*
↑	54,9	rechts abbiegen Richtung *Liers / Obliers*
↖	61,6	in Liers auf der Ahrstraße fahren, halblinks halten Richtung *Altenahr*
↑	61,9	auf die B 257 rechts abbiegen Richtung *Nürburgring*
↑	63,9	in Dümpelfeld rechts abbiegen Richtung *Blankenheim / Schuld*
↑	65,4	in Insul rechts abbiegen Richtung *Harscheid*
↓	68,4	in Sierscheid der abknickenden Vorfahrt links folgen Richtung *Harscheid*
↗	70,4	in Harscheid halbrechts halten Richtung *Bad Münstereifel*
↓	72,5	hinter Rupperath links abbiegen Richtung *Bad Münstereifel*
↘	73,9	scharf links abbiegen Richtung *Schuld*
↑	74,5	rechts abbiegen Richtung *Hilterscheid / Ohlerath*
↓	80,6	links abbiegen Richtung *Schönau / Bad Münstereifel*
↓	84,7	in Schönau links abbiegen Richtung *Falkenberg*
↓	85,0	der abknickenden Vorfahrt links folgen Richtung *Falkenberg*
↗	101,7	halbrechts halten Richtung *Blankenheim / Antweiler*

Richtg.	km	Info
↓	102,6	links abbiegen Richtung *Fuchshofen*
↗	108,5	in Reifferscheid scharf rechts abbiegen Richtung *Antweiler*
↓	110,7	in Rodder links abbiegen Richtung *Adenau*
↗	113,7	scharf rechts abbiegen Richtung *Kirmutschat*
←	117,8	über die B 258 weiter geradeaus Richtung *Nohn / Hoffeld*
↙	118,6	halblinks halten Richtung *Dankerath / Trierscheid / Senscheid*
↙	122,1	vor Dankerath halblinks fahren (keine Ausschilderung)
↓	126,8	in Bodenbach links abbiegen in die *Gelenberger Straße* (Ausschilderung Richtung Gelenberg ist nur von der Gegenrichtung zu erkennen!)
↓	130,1	links abbiegen Richtung *Kelberg*
↓	134,6	links abbiegen Richtung *Nürburgring*
↑	135,0	rechts abbiegen auf die *B 257* Richtung *Cochem*
●		Abstecher zu *Nürburgring* u. *Bikeworld*: hier links abbiegen, Ausschilderung folgen (ca. 7 km)
←	135,7	geradeaus über den Kreisverkehr fahren Richtung *Cochem / Ulmen*
↓	136,7	links abbiegen Richtung *Uersfeld / Mosbruch*
↙	147,7	in Lirstal halblinks halten Richtung *Monreal / Oberelz*
↙	158,9	in Monreal halblinks halten, auf der Durchgangsstraße bleiben

Richtg.	km	Info
↑	163,0	an der T-Kreuzung rechts abbiegen Richtung *Mayen*
↓	165,5	in Mayen links abbiegen Richtung *Weibern*
↓	166,0	links abbiegen Richtung *Weibern*
↓	166,2	links abbiegen Richtung *Weibern*
↑	172,6	rechts abbiegen Richtung *Kottenheim / Ettringen*
↓	174,2	links abbiegen Richtung *Wehr / Bell*
↙	177,8	in Bell halblinks halten Richtung *Maria Laach*
↗	178,5	halbrechts abbiegen Richtung *Mending / Maria Laach*
↓	180,4	in Maria Laach links abbiegen Richtung *Andernach*
↓	182,7	links abbiegen Richtung *Burgbrohl / Glees*
↑	184,5	rechts abbiegen Richtung *Burgbrohl*
↙	188,7	in Burgbrohl der Hauptverkehrsstraße folgen, dann am *Hotel Krone* halblinks abbiegen
↓	191,4	links abbiegen Richtung *Sinzig / Waldorf*
↓	195,0	links abbiegen Richtung *Bad Neuenahr / Ahrweiler*
↑	199,7	in Königsfeld rechts abbiegen Richtung *Bad Neuenahr / Ahrweiler*
↙	209,7	in Bad Neuenahr halblinks halten Richtung *Altenahr*
●	211,3	Ende der Tour am großen Kreisverkehr mit Anschluss *B 267, B 266* und *A 573*

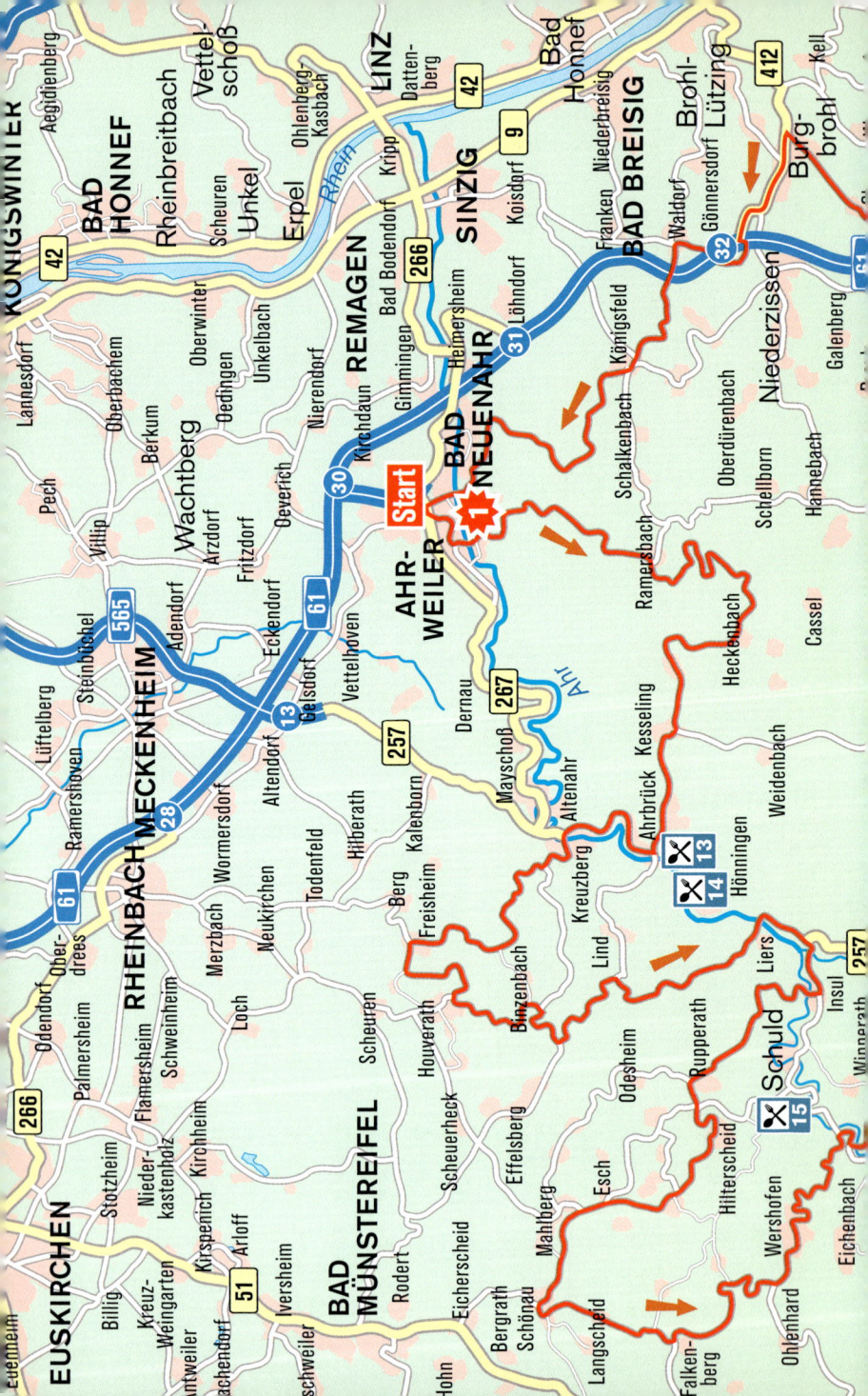

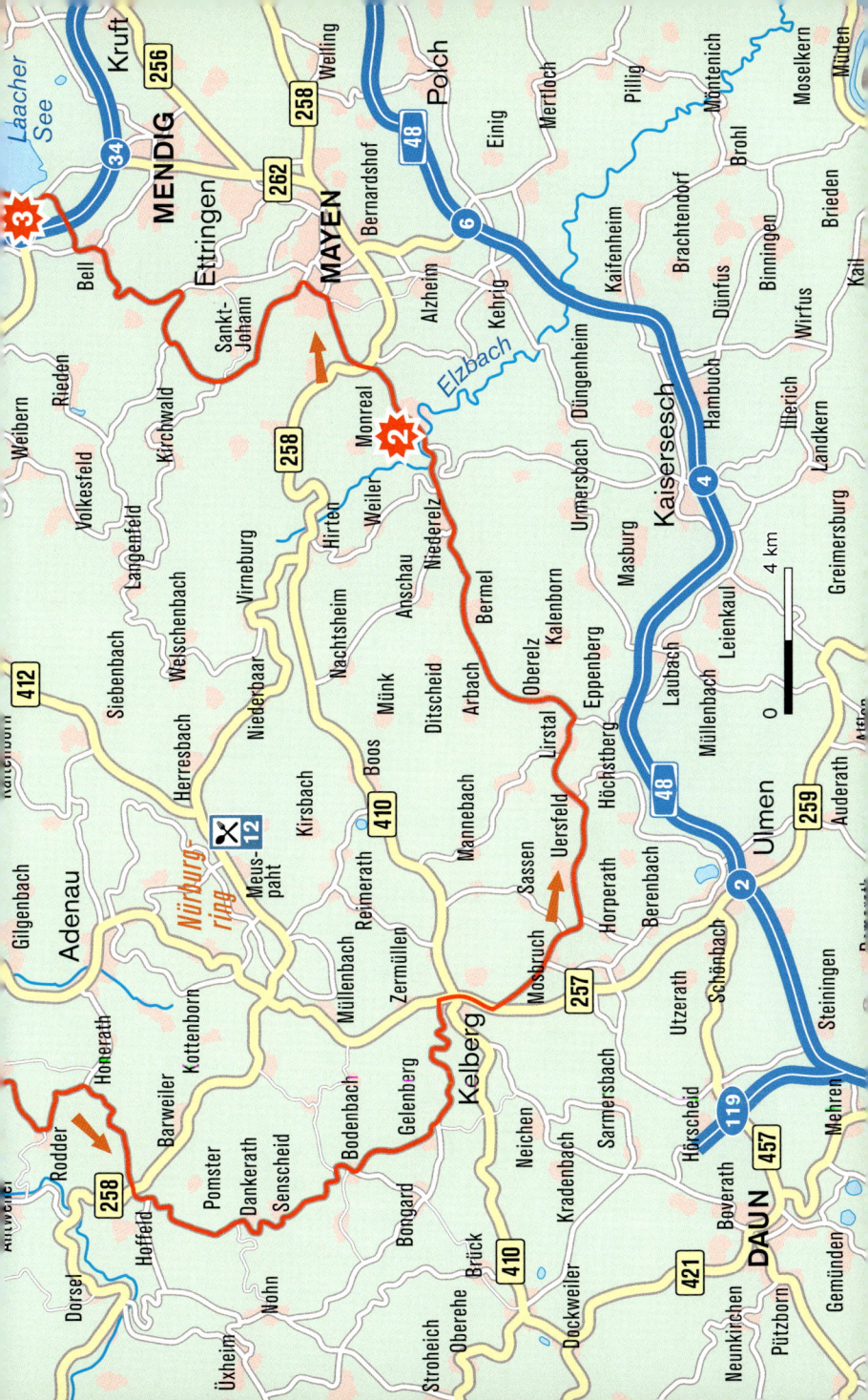

Erlebnis
Motorrad

Ruhrgebiet
ISBN 3-89861-183-3 – 128 Seiten – 12,00 EUR

Ruhrgebiet und Westfalen (2)
ISBN 3-89861-574-X – 144 Seiten – 12,90 EUR

Stuttgart
ISBN 3-89861-573-1 – 144 Seiten – 12,90 EUR

in Vorbereitung:

Rhein-Main

München und Umgebung

Hamburg/Bremen

Berlin und Umgebung